Melikstva Khamsi

Raffi (Hakob Melik Hakobian)

Меликства Хамсы

Раффи (Акóп Мелúк-Акопя́н)

Melikstva Khamsi

ISNB: 978-1-60444-853-5

Меликства Хамсы

ISNB: 978-1-60444-853-5

РАФФИ И ЕГО «МЕЛИКСТВА ХАМСЫ»

Крупнейший армянский исторический романист Раффи (1835-1888) создал свой труд «Меликства Хамсы» в начале 1880-х годов, когда еще только формировалось армянское национально-освободительное движение, и добровольческие отряды, вступившие в борьбу за спасение нации, нуждались в примерах патриотизма и мужества, почерпнутых из опыта героического прошлого.

Армянскому народу во второй половине XIX века приходилось решать те же сложные судьбоносные задачи, что и в предшествующие века. С утверждением русского господства в восточноармянских областях была обеспечена физическая безопасность армянского населения. Вместе с тем политику национального угнетения, проводимую царскими сатрапами, оно ощущало повсеместно. Что же касается Западной Армении, то здесь над армянами, обратившимися со своим протестом к Европе, властвовал турецкий террор. Горстка зейтунских смельчаков поднялась на героическую борьбу в защиту национальных и человеческих прав армян. И лицемерная Европа внимательно следила (да, только внимательно следила!) за исходом этой самоотверженной, но безнадежной борьбы.

Казалось, решение армянского вопроса зашло в тупик. Так думали многие. Но великие подвижники продолжали искать пути спасения, стремились определить те ориентиры, вокруг которых должен был сплотиться народ в своем движении к свободе.

Возможно, это лишь счастливое стечение обстоятельств, что Раффи вступил на литературную арену в тот момент, когда Хачатур Абовян и Микаэл Налбандян уже определили призвание и миссию армянского литературного деятеля как глашатая и выразителя свободолюбивых устремлений народа, его национального духа.

Повезло ли Раффи или такова судьба великих национальных деятелей вообще? Ведь они рождаются всегда вовремя, когда обстоятельства складываются столь благоприятно, что, кажется, им остается только пройти предназначенный путь подвижничества.

Провидение предопределило Раффи родиться наследником торгового дома. Ему суждено было продолжить дело отца, однако, путешествуя по торговым делам из села в село, из города в город, из провинции в провинцию, он сумел изучить родной край, материальные и духовные памятники старины, ознакомиться с бытом, современным положением нации. Торговая деятельность Раффи не увенчалась успехом, и он в короткое время разорился, но вместе с тем, благодаря ей, он обогатился, проникся увиденным и услышанным, в душу его властно вторглась огромная и жгучая боль за судьбу родной страны, которая осталась в нем навсегда и которой он остался верен до конца своих дней.

Если окинуть взглядом путь, пройденный Раффи, нельзя не прийти к убеждению, что уже первые шаги его были освящены требовательным девизом: «самоанализ и самопознание». Он был глубоко убежден, что тем же девизом должна руководствоваться и нация. Народ, не стремящийся познать собственную историю, свое прошлое, неизменно будет спотыкаться и блуждать на путях сегодняшних и грядущих. Народ, не стремящийся познать себя, не способен познать и своих друзей и недругов, он будет вечно плутать во мраке и невежестве, не ведая ни цены свободы, ни путей своего спасения.

В предисловиях к своим книгам, в теоретических и литературоведческих статьях Раффи постоянно говорил о высоком предназначении литературы, о ее огромной воспитательной, образовательной и просветительной роли. Это его мнение неизменно и неколебимо, начиная от юношески-восторженного предисловия к роману «Салби» до вершины его творчества — романа «Самвел». Армянин должен знать о героических деяниях своих далеких и близких предков, стремиться уподобиться им, самому стать воплощением прекрасного и героического. Читая же о недостойном, должен научиться избегать его и сопротивляться ему. «Народы, — писал Раффи, — видя картину собственных пороков и разложения, описание своих постыдных заблуждений, учатся исправлять и улучшать свое положение».

Правда, подобное понимание роли и назначения литературы ранее утвердилось в передовых кругах русской интеллигенции, однако для Раффи, несомненно, первоочередными были критерии и опыт древнеармянской книжности: ведь первые классики армянской литературы и историографии придерживались тех же принципов, об этом писали и того же требовали на вдохновенно-проповеднических страницах своих сочинений. Они были убеждены, что запечатленное в слове недостойное столь же поучительно, сколь и возвышенное.

«История — это духовная академия, это аудитория, в которой воспитывается будущее поколение, избегая ошибок своих предшественников и следуя примеру их достойных деяний» — таково кредо Раффи, почерпнутое из сокровищницы мудрости армянской историографии прошедших столетий, начиная от Мовсеса Хоренаци, Егишэ, Лазара Парбеци. Подобное же понимание роли и назначения писательского слова было присуще и продолжателям дела Раффи, прежде всего величайшему армянскому поэту, трезвому и глубокомысленному наставнику нашего патриотизма Ованесу Туманяну. Армянин должен знать, «кто он, откуда и куда идет. И беды и испытания не станут для него уроками, пока история этих бед и испытаний не будет у него перед глазами, не проникнет в его сознание, пока он не поймет их смысла и философии».

Так Раффи продолжался в Туманяне, который видел в своем предшественнике безошибочный путеводитель армянской национальной жизни. Ведь именно Туманян спустя четверть века после смерти писателя, мысленно обращаясь к нему, говорил: «Ты научил нас жить истинно всем народом... Ты волшебной силой своего таланта вызвал из мрака прошлого и неизвестности будущего чарующие картины и героические образы...».

Есть счастливые народы, которым в их движении вперед нет нужды оборачиваться назад. Великий Александр Пушкин считал, что только варвары отворачиваются от истории: «Дикость, подлость и невежество не уважает прошедшего...». А для армянина его история всегда и повсюду была тем арсеналом, откуда он черпал силы для самозащиты и сохранения своего существования. Раффи не мог удовлетвориться только художественным соссозданием истории. Поэтому он даже в ткань своего «самого художественного» полотна — романа «Самвел» — вплел научно-историографическое исследование, способное вызвать зависть даже у современных нам ученых.

Раффи, имея на то полное право, с гордостью писал, что до него ученые, и не только они, с необъяснимым упорством утверждали, а, возможно, еще долго продолжали бы утверждать, что армянские княжества окончательно прекратили свое существование еще во времена татаро-монгольского владычества, после которого армянский народ не только не имел собственной государственной и политической жизни, но даже не испытывал нужды в ней. И вот он, восстав против этого «национального грабежа», извлек из-под вековой пыли, из устных и письменных источников «Меликства Хамсы», доказал, что государственная и политическая жизнь в Армении не угасала на протяжении всего средневековья вплоть до присоединения ее восточной части к России.

Ни для одной из своих книг Раффи не накопил такого огромного и богатого материала, как для книги об армянских меликствах. Книга, которая является глубоким научным исследованием и научной монографией и которая вместе с тем читается как увлекательное эпическое повествование, как «роман» о героической и трагической истории Арцах-Карабаха. Отсюда и необычайно нежное отношение автора к своему любимому детищу: «Эта книга — венец моих творений: ею я воскресил давно утраченную и забытую историю, ею я доказал, что армянское княжество (т. е. государственность — Б. У.) существовало до нынешнего века. Это — большое дело».

Исходя из имевшихся в его распоряжении письменных источников —хроник, различных документов, памятных записей рукописей и т. д. (их критический обзор дал сам писатель на последних страницах своего труда), — Раффи определил конкретные хронологические рамки «Меликств Хамсы» — 1600-1827 годы. Большую часть этих материалов Раффи собрал во время своего путешествия по Сюнику и Арцаху. Научные принципы использования документов и величайшая добросовестность позволили автору воссоздать обстоятельную историю меликств в упомянутый период. В ней точны и достоверны и описания крупных, имевших общенациональное значение событий, и подробностей, имеющих второстепенное и третьестепенное значение. Все это подтверждается и появившимися впоследствии документами, и недавно обнаруженными источниковедческими материалами. Это относится прежде всего к сношениям меликств с русскими официальными кругами и царским двором, начиная с первых шагов Петра Великого и Исраела Ори до активных переговоров меликов с Екатериной

II

Обнаруженные впоследствии документы открывают во всю ширь следующую картину этих событий. Российская империя, давно вынашивавшая планы южных завоеваний, была заинтересована в решении армянского вопроса. Письма и грамоты армянских меликов и духовных лиц передавались влиятельным сановникам России через архиепископа армянской епархии в России Иосифа Аргутинского (Овсепа Аргутяна) и других армян, занимавших высокие государственные посты. Таким образом, освобождение армян, совпадавшее с южной программой России, стало предметом пристального внимания императорского двора. Выли определены задачи Грузинского царства и армянских меликств в объединенной освободительной войне. Оставалось дождаться появления русского войска в Дербентском проходе... Было определено политическое устройство Армении после объединения Закавказья с Россией. Ввиду того, что армянские мелики были инициаторами дипломатических связей с Россией и добровольного вхождения в состав империи, а также взяли на себя задачу оказания военной и продовольственной помощи русским войскам в намечающейся войне, в программу русской стороны входило устройство самостоятельного армянского политического образования. Но и соответственно —уничтожения Карабахского ханства, в соседстве с которым независимость армянских меликств была невозможна. Согласно указаниям Екатерины II, Григорий Потемкин, второе после императрицы лицо в России, послал 6 апреля 1783 г. своему племяннику, генералу П. И. Потемкину следующее предписание: «Шушинского Ибрагим-хана свергнуть должно, ибо после сего Карабах составит армянскую независимость, кроме России, никому неподвластную область. Вы тут употребите все старание, чтоб новая сия область устроилась наивыгоднейшим образом для народа. Через сие и прочие сильные армянские провинции или последуют их примеру, или же большим числом приходить будут в Карабах» (А. Р. Иоаннисян, «Россия и армянское освободительное движение XVIII столетия», Ереван, 1947, с. 236, док. № 22).

Из документов екатерининской эпохи выясняется, что императрица и Григорий Потемкин пришли к решению восстановить армянское государство с центром в Арцах-Карабахе, а главой государства назначить одного из меликов. 19-го мая того же 1783 г. Г. Потемкин представляет Екатерине II докладную, в которой предлагает: «После ликвидации ханства следует область его (Ибрагим-хана — Б. У.), которая составлена из народов армянских, дать в правление национальному и чрез то возобновить в Азии христианское государство, сходственно высочайшим вашего императорского величества обещаниям, данным через меня армянским меликам» (там же, стр. 238, док. № 24).

Раффи — великий писатель и патриот — глубоко сопереживал судьбе любимого им Карабаха, однако любовь эта никак не влияла на его объективность в описании исторических событий и лиц. Он постоянно верен реальной истории, неизменно руководствуется замечательным правилом, выработанным еще армянскими историографами V века: «не прибавлять несуществовавшего... не убавлять существовавшее» (Лазар Парбеци). Однако нередко случается, что перо историка-романиста восстает против несправедливого развития событий, и в авторских примечаниях к книге или непосредственно вслед за беспристрастным изложением фактов следуют строки, более характерные для писателя-обличителя. Так, например, обстоятельно представив завоевание русскими войсками Арцах-Карабаха и политические последствия этого события, автор в сноске дает следующее примечание: «Русские, овладев с помощью меликов Карабахом, оставили главным правителем области заклятого врага тех же меликов — Ибрагим-хана. Ибрагим-хан изменил русским и был убит. На его место был назначен старший сын предателя Мехти-хан, наделенный более широкими правами. Однако он совершил еще большее предательство: в 1822 году он сбежал из Карабаха в Персию и, вернувшись с персидским войском, начал войну с русскими. Непонятно, почему русские чиновники того времени предпочитали этих вероломных ханов армянским меликам, которые самоотверженно служили России?»

Писатель-историк считает, что подобное отношение необъяснимо с точки зрения обычной человеческой логики, ибо оно не просто аморально по отношению к доверию и преданности, проявленным армянами, но и глупо и неразумно прежде всего с точки зрения политико-экономических интересов Российской империи.

Раффи удивлялся подобному поведению русских властей, подобной плате за доверие и преданность. Он не предполагал, что именно оно будет доминирующим для последующих русско-армянских политических отношений в судьбоносные моменты их истории.

Вспомним первую четверть двадцатого века. С каким воодушевлением бросились армянские революционеры в пламя и бури русской революции, ускорив тем самым гибель собственной самостоятельности, как стремились они помочь русскому народу в его борьбе за свободу, доверившись своему мудрому наставнику, который был убежден, что чем свободнее и могущественнее будут русские, тем лучше для армян (Ов. Туманян). Вспомним, как сгорели в этом пламени Богдан Кнунянц и Сурен Спандарян, Прош Прошьян и Слава Каспарянц, Степан Шаумян и другие мученики Бакинской коммуны...

И русские стали свободными, стали хозяевами своей судьбы (и судеб многих сопредельных стран и народов). Что же произошло далее, как были вознаграждены вера и самоотверженность армян? Точно так же, как и за сто лет до этого...

Новая Россия расчленила Армянскую страну и одну ее часть отдала Турции, врагом которой была и с которой воевала на протяжении двухсот последних лет. Остальные же части были переданы наследникам Панаха и Мехти-хана, видимо, в расчете, что армяне стерпят, как всегда верные и надежные...

Армянская сторона, конечно, стерпела, и спустя семьдесят лет удостоилась такого же отношения, после того как на весь мир прозвучало требование справедливого решения проблемы Арцаха — этой кровоточащей раны Армении, после того как против ее сынов были осуществлены акты геноцида в Сумгаите и Кировабаде, в Ходжалу и Баку...

Однако азербайджанский шовинизм не удовлетворился и этим: последовали преследования русских и вообще русскоязычного населения, проживающего в различных районах республики, их насильственное изгнание, совершено нападение на южную границу Советского Союза, уничтожены пограничные укрепления на протяжении многих сотен километров...

Что же последовало за всем этим? Центральное правительство, в полном соответствии с двухсотлетней политикой империи, вновь предоставило широкие права и привилегии азербайджанской стороне, попирая священные права арцахских армян, вновь презрев их доверие и преданность.

Воистину Раффи и сто лет спустя мог бы задать тот же вопрос: «Непонятно, почему русские чиновники предпочитали этих вероломных ханов?»

Для Раффи повествование о меликетвах Карабаха — это не только история, не только цепь событий, происшедших в определенный исторический период, который, войдя в многовековую историю народа, дополняет ее, придает ей полноту и завершенность. В героической истории меликов Арцах-Карабаха он сумел увидеть самое обнадеживающее: в армянах никогда не умрет жажда свободы и политической самостоятельности, в этом непокорном и мужественном народе неистребимо стремление к независимости, неизменна готовность с оружием в руках отстаивать свое святое право на свободу и национальную жизнь. Спустя четыре десятилетия известный русский поэт и большой друг армянского народа Сергей Городецкий об этом напишет так: «У каждой страны, у каждой нации есть своя заветная твердыня. Когда история народа складывается счастливо, она становится центром культурной и политической жизни. Когда судьба преследует нацию, она бывает оплотом национальной жизни, островом надежд, залогом возрождения.

Именно последнюю роль играла и играет для армянского народа горная область Карабах».

Последующее развитие истории, а также события последних лет подтвердили, что великие провидцы не ошибаются.

Большое место в «Меликствах Хамсы» занимает описание обстоятельств возникновения Шушинского ханства, коварной антиармянской деятельности Панах-хана и Ибрагим-хана. Показано, как в области, тысячелетиями населенной исключительно армянами и находившейся под их управлением, в середине XVIII века впервые появились кочевые тюркские племена и в сравнительно короткое время сумели укрепиться в ней, вызвать распрю между соседями и навлечь на нее страшные бедствия только потому, что единство армянских меликов было поколеблено и междоусобица породила предательство. Хитроумный Панах — этот первый вступивший в Арцах-Карабах неармянин —

появился там в тот момент, когда один из армянских меликов — Шахназар Второй — для того чтобы удержать незаконно приобретенные меликские права, нуждался в помощи извне. Позволив Панаху укрепиться в крепости Шоша, издавна служившей надежным оплотом самообороны арцахских армян, — Шахназар навсегда подорвал их единство. С этого времени перед меликами неизменно стояла одна основная и неодолимая задача — обезопасить себя от посягательств поселившегося на их земле пришлого злодея.

Подробно излагая эти события, Раффи предупреждает своего читателя: государства гибнут из-за распрей властителей. Каждая его строка вопиет: единство и согласие! Народ, если он хочет сохранить себя, стремится к благоденствию и могуществу, должен руководствоваться общенациональными интересами, подчиняя им личные и даже местные. Знаменательно, что автор, склонный в своих больших и малых произведениях к назиданиям и поучениям, в «Меликствах Хамсы» отказывается от них, ибо сами факты, описанные им исторические события достаточно красноречивы и поучительны.

До Раффи древняя история и историческая география Арцах-Карабаха никем специально не изучались, и можно было ожидать, что в «Меликствах Хамсы» автор мог допустить те или иные неточности, относящиеся к этим областям. К счастью, их почти нет, ибо Раффи неизменно придерживался сведений, содержащихся в бессмертных творениях древнеармянской письменности. Так, например, он неоднократно упоминает, что Арцах-Карабах — это часть раннесредневекового Агванка, церковь — это церковь Агванка, княжества — это наследники царского дома Агванка. Он не испытывал необходимости в историко-критических экскурсах, так как исходил из следующей несомненной для него исторической ситуации: Арцах (позже называемый также Малый Сюник, Хачен, Карабах) впервые упоминается в клинописных надписях Ванского царства, причем как область, входящая в состав этого царства, а впоследствии — Великой Армении. Таково было положение до начала V в. н. э., когда Персия образовала в подвластной ей части Армении и Кавказской Албании (между Курой и Кавказским хребтом) кусакалства или марзпанства, и в одно из них — марзпанство «Агванк» — вошли как области за Курой, или собственно Агванк, так и области, составлявшие часть Армении, населенные армянами и занимавшие территорию между Курой и Араксом. По имени наибольшей вошедшей в него части марзпанство это получило персидское название «Агванк» (позже и арабское «Арран»). К концу V века армянская часть внутри марзпанства приобрела политическую самостоятельность, создала государственное образование, основатель которого Вачаган

Благочестивый назвал его царством и даже создал для него свод законов, называемый в древних источниках «Канонической конституцией» (см. Мовсес Каганкатваци, «История страны Агванк», кн. 1, гл. 26).

Мовсес Хоренаци был убежден, что владетели Арцаха, их предки и преемники ведут свое начало от одного из потомков праотца армян Айка — сына Сисака Аррана (Мовсес Хоренаци, «История Армении», кн. II, гл. 81), то есть нахарарско-царский дом страны Арцах восходит к праотцу армян Айку. Это мнение и господствовало в нашей средневековой книжности. Киракос Гандзакеци, например, считал, что владетели армянского края Арцах-Утика «произошли от сородича Айка Аррана» (Киракос Гандзакеци, «История Армении», гл. X).

В IX в. этот нахарарский дом представляли владетели Арцаха Сахл Смбатян, Есаи Абу Мусэ и их непосредственный преемник Амам Благочестивый, который в дни царствования Багратидов восстановил царство Арцаха и принял их сюзеренство.

В последующие века деятельность армянского нахарарско-княжеского дома не прерывалась ни на один день. Даже в десятилетия татаро-монгольского ига, когда сюзеренный князь Арцаха и прилегающих к нему армянских областей Хасан-Джалал благодаря умелой дипломатии сумел уберечь от разорения не только свой край, но и другие армянские области, в частности, Киликийскую Армению.

Потомки Хасан-Джалала, оставаясь полновластными хозяевами своих владений, приобрели также наследственное право и на духовную власть в Арцах-Утике: из рода Хасан-Джалала назначались престолонаследники католикосата Гандзасара. Деятельности крупнейших представителей этого рода посвящены многие страницы «Меликств Хамсы», свидетельствующие о том, с какой патриотической страстностью и энергичностью духовные отцы из рода Хасан-Джалала выполняли свои католикосские обязанности под покровительством святого престола Эчмиадзина.

В XV веке княжество Арцаха распалось на небольшие самостоятельные провинции, правители которых назывались «меликами», что на арабском означает «князь», «владетель», даже «царь».

Арабизмы вообще широко использовались в средневековой Армении, они проникли и в быт народа, и в политико-административные отношения. Трехвековое арабское владычество, а также последующее длительное присутствие мусульманских правителей оставили свой устойчивый след в именах и топонимике, в быту и общественной жизни. Это влияние, однако, лишь внешнее, так как, по существу, эти мусульманские имена принадлежали людям, являвшимся исконными армянами и по происхождению и по духу. Вспомним Хасан-Джалала, который, помимо этого двойного имени, имел также третье — Дола

(Давла), обозначавшее на арабском «государство», «государственный». Это тройное, звучащее по-арабски имя принадлежало армянину, о котором в свое время историк писал: «...Муж благочестивый, богобоязненный и скромный, армянин по национальности» (Киракос Гандзакеци, гл. 55), и далее описывал его страдания и мученическую смерть, принятую во имя армянского народа и его культуры.

Один из потомков Хасан-Джалала, живший в позднее средневековье, — католикос Гандзасара, или Агванка, Есаи Хасан-Джалалян, в письме, обращенном к русскому двору, так представляет себя и свою страну:

«Патриарх страны Арменския, нарицаемыя Агван, имеющий власть над християны народа армянского, преемник патриарха Григория, внука святого Григория Великия Армении» («Армяно-русские отношения в первой трети XVIII века», сборник документов, т. II, ч. 1, Ереван, 1964, с. 374).

* * *

В июле 1881 года Раффи обратился через издававшуюся в Тбилиси газету «Мшак» («Труженик») к своим читателям с просьбой прислать ему имеющиеся у них материалы и документы, относящиеся к истории Арцах-Карабаха. В той же заметке Раффи сообщал, что если «удастся собрать все необходимые сведения, то я составлю целостную историю меликов Карабаха, начиная от Давид-бека до последнего времени».

С этой целью Раффи в конце июля 1881 года предпринимает путешествие в Карабах. Подробности этого путешествия он изложил в своих путевых заметках «Два месяца в Агванке и Сюнике», к сожалению, оставшихся незавершенными. О некоторых подробностях и результатах своей поездки Раффи рассказывает и на заключительных страницах «Меликств Хамсы».

Таким образом, можно предположить, что время написания книги — конец 1881-начало 1882 гг., ибо уже в мае 1882 года газета «Мшак» начинает публикацию «Меликств Хамсы» и завершает ее в августе того же года. В 1882 году было осуществлено и отдельное издание книги, которое легло в основу как всех последующих изданий «Меликств Хамсы», так и предлагаемого нашим читателям перевода.

Мы особо отмечаем это обстоятельство, так как авторская рукопись «Меликств Хамсы», как и большинства сочинений писателя, не сохранилась. Текст же, опубликованный в газете «Мшак» (и с точностью воспроизведенный в отдельном издании), по свидетельству самого автора и современников, безжалостно сокращен цензором. Из книги были выброшены целые куски и даже отдельные главы.

Сам Раффи не считал свой труд завершенным. Со страниц своей книги он вновь обращается к своим читателям с просьбой выслать хранящиеся у них материалы. Он намеревался также издать специальной том, который должен был включить в себя все официальные документы и материалы, относящиеся к истории Арцах-Карабаха. Замыслы эти остались неосуществленными.

Б. УЛУБАБЯН

Незабвенной памяти отца —
мелика Мирзабека

I

Всякий раз, когда Армения, утрачивая свой престол, переживала периоды упадка, она сохраняла своих представителей, словно непогасшие искры, тлеющие в пепле былой славы. Царствовавшая армянская династия оставила после себя ряд правителей, называвшихся «усакалами. Аршакуни [1] — марзпанов, куропалатов, патриков и востиканов. А Багратуни[2] и Рубиняны[3] — множество различных обособленных друг от друга, независимых княжеств.

Это были преимущественно потомки древних армянских нахарарских домов. Они служили как бы звеньями, сохранявшими преемственность армянской независимости в периоды между падением одной и утверждением новой династии. Эти правители, хотя и назначались изредка чужеземцами и платили им дань, тем не менее неизменно сохраняли свои суверенные права.

---

[1]Аршакуни — речь идет об армянской ветви парфянской династии Аршакидов. Аршакуни утвердились в Армении в середине I в. н э. и с перерывами правили до 428г.

[2] Багратуни — один из древнейших армянских феодальных родов. От этого рода произошла царская династия армянских Багратуни (885-1045).

[3] Рубиняны — династия правителей Киликийского армянского государства (1080-1375).

В последние века место старинных нахарарских домов заняли мелики, правление которых приняло более упорядоченную форму в дни шаха Аббаса Великого [4] (1603). Этот грозный персидский государь, политические взгляды которого на отношения с другими народами резко отличались от взглядов его предшественников, считал более благоразумным править подвластными ему народами через их представителей, что и позволило ему утвердить согласие в государстве. Он первый подтвердил право армянских князей на титул «мелик» [5], которым они владели с более ранних времен. Тем самым шах Аббас выразил свою признательность армянским медикам за их значительный вклад в его победоносные войны против османов [6].

Правление меликов длилось очень долго, а в Закавказье — вплоть до утверждения русского господства. Я поведу разговор лишь об одной группе этих княжеств, которая известна под общим названием меликства Хамсы [7].

Меликства Хамсы — это пять небольших гаваров, которые, соседствуя друг с другом, образуют целую область, ныне называемую Карабах, а в нашей истории известную под именем Арцах, или Малый Сюник [8]. В более отдаленные времена она являлась частью страны Агванк [9].

Упомянутые пять гаваров следующие:

1. Гюлистан, или Талыш, простирающийся от реки Кюрак-чай, то есть от границ Гандзака, до реки Тартар.

2. Джраберд, или Чараберд, простирающийся от реки Тартар до реки Хачен.

---

[4] Аббас I — персидский шах династии Сефевидов (1557-1629). Почти весь период царствования (с 1586 г.) Аббас I вел кровопролитные войны с Турцией, боролся за возвращение территорий, потерянных в период царствования его предшественников, и присоединение новых областей.

[5] «Мелик», или «малик», означает князь, владетель, а также государь (Все примечания в тексте принадлежат автору. — Ред.).

[6] Армянские мелики Сюника и католикос Эчмиадзина вместе с несколькими епископами, стремясь освободиться от османского ига, обратились в Исфахан и пригласили шаха Аббаса властвовать над Арменией.

[7] «Хамса» по-арабски означает «пять», а «меликства Хамсы» означает «пять меликств».

[8] Малый Сюник (Хачен, перс. — Сисакан-и-Котак) — название центральной провинции Арцаха, иногда и всего Арцаха.

[9] Арцах являлся частью Агванка во время существования персидского марзпанства «Агванк», или «Арран», в V-VII вв., когда в пределах марзпанства оказались и собственно Агванк, простиравшийся от Куры до Кавказских гор, и армянские области Арцах и Утик, занимавшие всю территорию между Курой и Араксом и населенные исключительно армянами.

3. Хачен, простирающийся от одноименной реки до реки Баллу-чай.

4. Варанда, простирающийся от этой реки до горной зоны Дизапайта.

5. Дизак, или Дузах, простирающийся от этих гор до реки Ерасх.

Эти края, которые, как я упомянул выше, когда-то являлись частью Агванского царства, впоследствии стали пристанищем армянских меликов. Неприступное расположение страны позволяло им укрыться от свирепых бурь времени. Дикая природа, высоченные горы, покрытые вековыми дремучими лесами, мрак бездонных ущелий способствовали формированию здесь народа, обладающего крепкой, подобно окружающим его скалам, грудью и бесстрашным, как у живущих в его лесах тигров, сердцем. Этот народ жил в пещерах своих любимых гор, в расселинах скал, питался дарами леса, занимался скотоводством и, как зверь из засады, выходил из своего укрытия, когда враг осмеливался нарушить его покой.

Каждый мелик был властелином своего гавара: он имел свою особую крепость и свои твердыни. Крепость мелика Гюлистана находилась возле села Гюлистан[10], на вершине одной из неприступных гор; еще одна крепость в том же гаваре находилась недалеко от села Талиш, у монастыря Орек. Крепость мелика Джраберда находилась на берегу реки Тартар, возле монастыря Ерек Манкунк. По названию этой крепости весь гавар именовался Джраберд[11], так как крепость стоит почти у самой воды, на вершине огромной клинообразной скалы, подножье которой омывают бушующие воды рек Тартар и Трхи. Эти две реки, сливаясь друг с другом, придают крепости форму полуострова. Крепости меликов Хачена расположены были возле реки Хачен: одна из них находилась недалеко от знаменитого монастыря Гандзасар, на вершине высокой, покрытой лесом горы, и называется Тарханаберд (Хоханаберд). В этой крепости в начале XIII века укрывался от татарских набегов князь Хасан-Джалал. Другая крепость в том же гаваре Хачен была расположена в нескольких часах пути от упомянутой, возле монастыря св. Акопа. Эта крепость достойна своего имени: она называется Качахакаберд[12], ибо лишь стремительные сороки могут достигнуть ее острой вершины, пропадающей в тумане. Крепость мелика Варанды находилась в селе Чанахчи (Аветараноц),

---

[10]Крепости, укрепления меликов Карабаха — некоторые в развалинах, а иные в неприкосновенности — сохранились и поныне. Но следует иметь в виду, что некоторые из них существовали еще во времена царей и правителей Агванка, мелики же восстановили их для своих нужд.

[11] Джраберд (от арм. джур — вода, берд — крепость) — «крепость на воде», ибо находилась на горе между рекой Тартар и ее притоком Трхи.

[12] Качахак (арм.) — сорока.

недалеко от девичьей пустыни. Крепость мелика Дизака находилась в селе Тох, возле монастыря Гтич, возвышающегося до самих небес.

В этом краю рядом с монастырями отрекшихся от мира отшельников возвышались княжеские твердыни, их грозные крепости, и крест соседствовал с мечом.

Власть меликов была наследственной: после смерти отца бразды правления и титул «мелик» переходили к старшему сыну, а другие братья назывались беками. Здесь вместо закона правили воля властителя и народные обычаи, сохранившиеся в первозданном виде. Мелики обладали неограниченной властью над своими подданными, они имели право судить, наказывать и даже приговаривать к смерти.

Мелики были связаны друг с другом как политическими интересами, так и родственными отношениями, и, таким образом, все пять княжеств Хамсы вместе составляли единый целостный союз. Защищенные неприступными горами и дремучими лесами, они не позволяли ни одному мусульманину поселиться в своих владениях, и все население Карабаха состояло только из армян, число которых было весьма значительно.

Обратимся к генеалогии меликских домов, владевших пятью гаварами Хамсы.

II

1. Происхождение Мелик-Бегларянов, владетелей Полистана[13].

Мелик-Бегларяны — коренные утийцы, из села Ниж. Какие

---

[13] Согласно находящейся у нас рукописной истории, род Мелик-Бегларянов восходит к одному из древнейших царей Агванка — Аррану, жившему задолго до Христа. Это предположение нуждается в серьезной проверке.
 Арран— Согласно армянскому преданию, записанному Мовсесом Хоренаци и заимствованному у него другими средневековыми армянскими авторами — Мовсесом Каганкатваци, Киракосом Гандзакеци и другими, — Арран был не царем Агванка, а кусакалом армянских областей Арцах и Утик, назначенным царем Великой Армении Вагаршаком (см. Мовсес Хоренаци, «История Армении», кн. II, гл. 8). Согласно тому же преданию, Арран принадлежал к роду одного из потомков праотца армян Айка — Сисака — и от потомков этого Аррана произошли княжеские дома Утика, Гардмана, Арцах-Цавдека и Гугарка, позднее получившие имя Арраншахиков — там же; см также Мовсес Каганкатваци «История страны Агванк», кн. I, гл. IV, кн. III, гл. 23; Киракос Гандзакеци, «История Армении», гл. 10).

обстоятельства принудили их оставить родину, перебраться в Карабах и поселиться в гаваре Гюлистан, — об этом история умалчивает. Известно только, что первый переселенец, которого тюрки называли «Кара-юзбаши» («Черный сотник»), а армяне — «Черный Абов», был человеком не простым:[14] на своей родине он имел состояние и правил народом.

В начале шестнадцатого века этот «Черный сотник» внезапно появляется в Карабахе, совершенно обнищавший, имея с собой только семь семей и несколько животных, облегчавших трудности их пути. Вероятно, на родине на них обрушилось какое-то бедствие, в результате которого они оказались разоренными и изгнанными.

Очутившись в незнакомом им мире, они не имели ни места жительства, ни убежища. И хотя осенние холода уже наступили, они еще жили в палатках на левом берегу реки Тартар, неподалеку от нынешнего села Талыш.

Возможно, «Черный сотник» и хотел какое-то время оставаться в безвестности в новой стране, но неожиданный случай заставил обнаружить себя. Однажды, когда его стадо паслось на лугу, на него напали разбойники и похитили животных. «Черный сотник» и несколько молодых людей, бывших с ним, бросились в погоню за похитителями. Они вернулись через несколько часов, ведя за собой не только украденных животных, но и самих похитителей.

На следующий, день появилась другая группа всадников, которые, обратившись к «Черному сотнику», сказали, что они — люди хана Барды и им приказано схватить этих разбойников, наносящих огромный ущерб стране. И они весьма довольны, что разбойники схвачены без их участия. С этими словами они забирают разбойников и доставляет их к хану Барды, не сообщая тому, кто на самом деле задержал разбойников, чтобы самим получить награды хана.

Хан повелел казнить разбойников, а своих людей наградить за смелость. В этот момент главарь шайки говорит хану: «Накажите нас, как считаете нужным, ибо мы разоряли вашу страну. Но не оскорбляйте нас, вознаграждая этих ничтожных людей за несовершенное ими, ибо не они одолели нас...».

Хан, выяснив, что его люди обманули его, приказывает доставить к нему «Черного сотника». Тот просит не награждать его за оказанную услугу, а лишь выделить ему как беженцу место для поселения. Хан передает ему в вечную собственность село Талыш, или Тариндж, в гаваре

---

[14] Предки всех меликов Карабаха носили титул «юзбаши». Этот титул обычно присваивался тем, кто был владетелем собственного края и имел право содержать войско.

Гюлистан, возле монастыря Орек. О «Черном сотнике» известно лишь это. На камне, воздвигнутом на его могиле, находящейся возле упомянутого монастыря, высечена лишь одна строка, из которой видно, что скончался он в году 1081 армянского лето-счисления (1632)[15].

У Черного Абова было несколько сыновей, старший из которых — мелик Беглар — стал его преемником.

Мелик Беглар I наряду с мужеством своих предков обладал и умом. Он основал княжество меликов Гюлистана и, завладев новыми территориями, расширил его пределы. Он захватил у бывшего местного правителя Абраама-юзбаши[16] (Ибрагима-гявура) несколько деревень — Вери-шен, Нерки-шен, Эркедж и другие — и, овладев крепостью Гюлистан, восстановил эту неприступную твердыню и поселился там. Он оставил после себя двух сыновей: старший по имени деда был назван Абов, а младший — Тамраз (Теймураз).

После смерти отца ему наследовал старший сын — Абов II, который, поскольку его нога была повреждена пулей, известен также под именем Хромой Абов.

Хромой Абов, как и его дед Черный Абов, прославился своими успехами в сражениях. Грабеж, разбой, дерзкие набеги в то время не только не считались постыдным делом, но, напротив, воспринимались как необходимые достоинства, которыми должен был обладать правитель страны, чтобы держать в страхе окружавших его врагов. Этих качеств не был лишен и Хромой Абов. Все, что он имел, он приобрел с помощью грабежа... Он похитил даже свою жену, красавицу Камар-солтан.

Однажды, когда Абов со своими людьми направлялся с целью грабежа в сторону Гандзака, выше села Геташен, у деревни Дулуслу, в горах он наткнулся на кочевку хана Гандзака Мамада. Во время нападения он увидел дочь хана которая вместе со своими «сорока» служанками проводила лето у пастухов своего отца. Красота девушки настолько пленила Абова, что он, забыв о тучных стадах Мамад-хана, похищает лишь его дочь. Абов в ту пору был неженатым молодым человеком. Это был красивый юноша, хотя и не могучего телосложения, смуглолицый,

---

[15]По решению Двинского церковного собора (VI в.) в Армении было введено новое церковное летосчисление, разница между которым и христианским составила 551 год. Это так называемое Большое армянское летосчисление было принято не сразу, а лишь в 574 году благодаря стараниям католикоса Мовсеса Егвардеци. Окончательное исправление армянского церковного календаря относится к 1774 г., когда католикос Симеон Ереванци составил так называемый «вечный календарь».

[16] Потомки Абраама-юзбаши и сейчас живут в деревне Гюлистан как простые крестьяне.

как и все потомки Черного Абова. Доставив свою прекрасную добычу в монастырь Аменапркич, находившийся неподалеку от крепости Гюлистан, он велел крестить ее и обвенчать их. Это похищение привело к нескольким кровопролитным схваткам между Абовом и ханом Гандзака, закончившимися поражением хана. Хан долго не мог примириться ни со своей дочерью, ни с самозваным зятем. Но к старости он смирился. И поскольку у него не было других наследников, кроме единственной дочери, то все принадлежащие ему села и богатство он оставил ей по завещанию. Благодаря жене Абов стал владельцем огромного состояния.

Абов II умер в 1728 году. После его смерти, согласно обычаю меликов, ему должен был наследовать сын — мелик Овсеп. Но поскольку мелик Овсеп был еще неопытным юношей, правление страной было поручено брату покойного Тамразу, и юный Овсеп должен был находиться под его опекой до совершеннолетия.

Своей резиденцией мелик Тамраз избрал дворец[17], расположенный у монастыря Орек, и правил он не как временный опекун, а как полновластный хозяин страны. Это был человек жестокий и безжалостный. Замыслив полностью лишить Овсепа отцовского наследства, он начал последовательно разорять его, пока не довел до полной нищеты. Он даже намеревался лишить племянника жизни. Юный Овсеп жил вместе с матерью в крепости Гюлистан, и положение его было незавидным.

Как-то один из сборщиков налогов шаха Султан Хосейна визирь Атрпатакана Мирза-Тахир, собирая дворцовый налог, направлялся из Дербента в сторону Гандзака и Карабаха. Мелик Тамраз принял его у себя дома и, стремясь выслужиться перед персидскими властями, приказал собрать со своих подданных дополнительную дань. Помимо этого, он, чтобы подольститься к гостю, хотел вручить ему ценный подарок.

«Ружье моего брата, — сказал он, — находится у моего племянника Овсепа. Это редкое оружие достойно шахской сокровищницы».

Перс велит обманно призвать к нему Овсепа и просит его принести ружье отца, якобы чтобы полюбоваться им. И когда Овсеп приносит ружье, отбирает его со словами: «Это ружье достойно шахской сокровищницы, а не тебя».

Юноша со слезами возмущения на глазах возвращается к матери и рассказывает ей о случившемся. Мать в глубоком горе: ведь это заветное ружье — единственное, что осталось у нее от мужа, единственная память о его подвигах. Гнев сына еще более усиливается, когда он слышит упрек

---

[17] Развалины этого великолепного дворца сохранились и поныне. Они являются красноречивым свидетельством былой славы и могущества меликов Гюлистана.

матери: «Недостойный сын храброго отца... Лучше бы мне принесли твой труп и сказали, что ты погиб, отстаивая память своего отца».

— Я верну ружье отца... — говорит сын и просит мать дать ему денег на покупку оружия. Мать отдает ему несколько золотых со своей головы[18].

Персидский сборщик налогов, собрав местную дань, взвалил ее на мулов и со своими слугами отправился в путь. Овсеп с группой своих друзей-сверстников последовал за ним. Когда сборщик налогов вступил в узкое ущелье реки Тартар, Овсеп подал сигнал к нападению. Он собственной рукой отсек персу голову и отобрал у него ружье отца[19].

Золото, собранное со всех гаваров, стало добычей Овсепа и его храбрых товарищей. Слуги же частью погибли, частью спаслись бегством.

Овсеп, взяв с собой захваченные сокровища, укрепился в крепости Гюлистана. Его поступок остался безнаказанным, ибо, как мы увидим далее, в это время в Персии происходили важные события и перемены. Шах Султан Хосейн был смещен с престола, афганцы захватили столицу персов, и в этих обстоятельствах вряд ли кому было дело до события, происшедшего в Карабахе.

Овсеп, став обладателем богатства, начал укреплять свои силы. Он вступил в союз с меликом Атамом из Джраберда, отношения которого с его дядей меликом Тамразом были далеко не дружественными. Теперь Овсеп вознамерился не только отобрать у него власть над Гюлистаном, которую тот захватил силой, но и отомстить за все лишения и беззакония, которые творил его безжалостный опекун мелик Тамраз, когда он был еще несовершеннолетним. Объединившись с меликом Атамом, Овсеп напал на крепость мелика Тамраза. После нескольких дней ожесточенных боев крепость была взята и мелик Тамраз захвачен в плен. Овсеп приказал повесить его на платане[20] и после этого сам начал править княжеством Гюлистан. После мелика Тамраза остался сын Сарухан-бек, который был

---

[18] Частью традиционного национального наряда армянской женщины являлось налобное украшение (чакатаноц) с подвешенными золотыми или серебряными монетами.

[19] Наследники Мелик-Бегларянов продали это ружье за 1000 рублей генералу Ермолову (*Ермолов, Алексей Петрович (1777-1861) — русский военный и государственный деятель, генерал от артиллерии. В 1816 г. был назначен главнокомандующим в Грузии и командиром Отдельного Грузинского (с 1819 г. — Кавказского) корпуса. В 1816-1818 г. — чрезвычайный и полномочный посол в Персии. С усилением реакции при Николае I в 1827 г. был снят с должности и находился в отставке. В 1830 г. был назначен членом Государственного Совета.*), а тот отослал его в Оружейную палату С.-Петербурга.

[20] Этот древний платан, называемый «кровавым», и сегодня показывают на границе Гюлистана и Джраберда.

одним из четырех храбрых военачальников, командовавших армянскими полками в 1723 году.

Мать мелика Овсепа, мудрая Камар-солтан, своими советами немало способствовавшая возвышению сына, умерла в 1753 году. Она была похоронена на родовом кладбище Мелик-Бегларянов, возле монастыря Орек.

С дальнейшей историей Мелик-Бегларянов в хронологической последовательности мы ознакомимся в процессе нашего повествования.

2. Происхождение Мелик-Исраелянов, владетелей Джраберда.

О происхождении Мелик-Исраелянов нам известно немногое. Из одной рукописной истории мы узнаем только, что мелик Есаи, сын мелика Исраела, за убийство главного хана (?) Сюника, который намеревался обесчестить его сестру, в 1687 году был вынужден бежать в Карабах, взяв с собой множество своих подданных. Войска хана преследовали его, но мелик Есаи в ущельях горы Мрав разбил их и убил семерых сыновей хана, захватив у них огромную военную добычу.

Затем, постепенно склонив на свою сторону местное население, жившее на склонах горы Мрав, мелик Есаи все более усиливается, овладевает также ущельем, называемым Кванк, простирает свои владения от гор Рымбостян до села Дютакан, именуемого ныне Катохикасар.

После смерти мелика Есаи ему наследуют другие братья: вначале Алахкули-султан, затем мелик Атам. Они, еще более усилившись, овладели Верхним Хаченом, Авкахахацем, Андабердом, Аканой и Джрабердом и значительно расширили свои владения.

Алахкули-султан, как мы увидим далее, был предательски убит Панах-ханом Шушинским, а мелик Атам долго воевал с этим ханом.

Мелик Атам для своего жительства восстановил прекрасный дворец, расположенный около развалин, называемых Кахакатехи, или Майракахак, в котором в конце двенадцатого века жил князь Хачена и Шамхора Вахрам-шах. А крепостью своей избрал неприступный Джраберд[21].

3. Происхождение Хасан-Джалалянов, владетелей Хачена.

Из пяти господствовавших в Карабахе меликских домов лишь

---

[21] Мелик Атам владел несколькими крепостями, одна из которых полностью сохранилась около селений Кусапат и Хин-Мохратах, недалеко от монастыря Инн мас. Это прекрасное строение может дать достаточное представление об архитектурном вкусе наших предков.

правители Хачена были местными жителями, а остальные, как мы видели и увидим далее, были переселенцами из других мест[22].

Происхождение меликов Хачена следует считать очень древним, они потомки князей Хасан-Джалалянов. В течение веков они настолько приумножились и разветвились, что небольшой гавар Хачен был поделен между представителями этого рода на мелкие кусочки, и они, естественно, не могли жить друг с другом в полном согласии. Кроме того, из этого же рода избирались и католикосы Гандзасарского монастыря, которые со своей стороны также препятствовали значительному усилению меликов этого края.

В семнадцатом веке из князей Хасан-Джалалянов знамениты были три брата — католикос Иеремия, Велиджан-бек 3-ий и Мулки-бек.

Католикос Иеремия умер в 1700 году. Велиджан-бек умер в 1686 году, а его сын Есаи стал католикосом после Иеремии. (Это тот самый католикос Есаи, который, как мы увидим далее, во времена Петра Великого начал переговоры с русским правительством о создании в Карабахе независимого армянского княжества под русским покровительством). А Мулки-бек умер в 1716 году и оставил после себя двух сыновей: старшего звали мелик Григор, младшего — мелик Алахверди.

Мелик Григор был человеком умным и красноречивым; у него были светлые волосы, за что персы и османы называли его «сари-мелик», то есть «белокурый мелик». Не раз проявив в боях свою храбрость, он отошел от мирской жизни, удалился в Гандзасарский монастырь, где был рукоположен в вардапеты. После мелика Григора княжеством Хачен правил его брат мелик Алахверди, а после смерти последнего — его сын Мелийк-бек, оставивший после себя восемь сыновей. Одним из них был католикос Гандзасара Ованес, погибший от руки хана Шуши Ибрагима.

4. Происхождение Мелик-Шахназарянов, владетелей Варанды.

Историк Аракел сообщает следующее: «Выйдя из Тифлиса, шах (Аббас I) направился в Гегамский гавар, и войско царское раскинуло там стан, а сам шах Аббас остановился в селении Мазра в доме коренного жителя того села мелика Шахназара. И был мелик Шахназар родом из

---

[22] Это утверждение неверно. Известно, что все меликские дома Арцаха-Хамсы произошли от трех ветвей княжеских домов области (Хасан-Джалалянов из Нижнего Хачена, Вахтангянов из Центрального Хачена, или Атерка, и Допянов из Верхнего Хачена, или Цара). А все эти три ветви берут свое начало от армянского нахарарского дома Арраншахиков (см. об этом подробнее: Б. Улубабян, «Княжество Хачена в X-XVI вв, Ереван, 1975, с. 50-88, на арм. яз).

армян, и христианин по вере, ишхан славный и могущественный; он оказал шаху гостеприимство, приличествующее царю; был он другом, близким человеком царя и пользовался его уважением. Почему и царь, возвеличив, одарил его почетными и благородными одеяниями и пожаловал ему власть мелика того гавара[23], и пожаловал ему и братьям его другие имения и деревни. И написал надежный номос, закрепил царской печатью и дал им, дабы вотчина эта неизменно принадлежала им и сыновьям их навеки, из поколения в поколение»[24].

Разорительные набеги кавказских горцев в 1682 году опустошили область Гехаркуни. В это время сын упомянутого мелика Шахназара мелик Хусейн и сын его брата (мелика Мирза-бека) мелик Баги покинули побережье Гегамского озера и переселились с частью своих подданных в Карабах. Местом своего жительства они избрали селение Аветараноц (Чанахчи) в гаваре Варанда. Здесь они построили церковь, девичью пустынь, обнесли Аветараноц мощными стенами и превратили его в крепость. В той же крепости они воздвигли оборонительные сооружения, великолепные строения которых и сегодня сохраняются в полуразрушенном состоянии.

В 1721 году, когда кавказские горцы напали вновь и разграбили Шеки, Ширван, Гандзак, дошли до реки Ерасх и подступили к Варанде, против них выступил мелик Баги и спас край от разорения. Это и подобные события настолько усилили симпатию местного населения к Мелик-Шахназарянам, что вся Варанда признала власть этого дома.

5. Происхождение Мелик-Аванянов, владетелей Дизака.

Мелик-Аваняны — также переселенцы из села Арту гавара Лори. В XVI веке в этом гаваре усилились Лорис-Меликяны: к этому роду принадлежал и мелик Аван (Еган) — сын вардапета Гукаса.

Мелик Аван вел беспрестанные войны со своим родственником меликом Элизбаром, силой отобравшим у мелика Авана принадлежавшие его предкам ущелье Памбак и часть Лори. Не сумев одолеть своего врага и преследуемый им, мелик Аван, вместе со своим отцом вардапетом Гукасом и подвластным ему населением, переселился в селение Тох гавара Дизак. Здесь его отец восстановил монастырь Гтич, основал обитель и поселился в том же монастыре. А сын, мелик Аван, в селе Тох

---

[23] В действительности шах Аббас I лишь подтвердил своей грамотой меликские и владетельные права мелика Шахназара.
[24] Аракел Даврижеци. Книга историй. Москва, 1973, с. 101. Перевод с армянского, предисловие и комментарии Л.А. Ханларян.

воздвиг великолепную церковь и укрепил поселение обводными стенами. Построенный им в том же селе прекрасный дворец, украшенный армянскими надписями, сохраняется и сегодня. В нем обитают его потомки, которые, спасаясь от гонений Ибрагим-хана Шушинского, приняли магометанство.

Эти мусульмане с гордостью вспоминают имя своего предка — мелика Авана, и ежегодно на пасху, в Христово воскресение литургия в местной церкви совершается за их счет[25].

Мы кратко рассказали о происхождении меликов, владевших пятью гаварами Карабаха — Гюлистаном, Джрабердом, Хаченом, Варандой и Дизаком. Мы увидели, что из этих пяти меликских домов лишь правители Хачена были местными жителями, остальные же переселились из других мест в результате почти сходных исторических обстоятельств. Они нашли убежище в лесах и неприступных горах Карабаха и основали свои могущественные княжества. Теперь обратимся к последующим деяниям меликов, занимающим важное место в нашей истории.

III

В начале XVIII века в Персии произошли события, оказавшие существенное влияние на судьбу меликов Карабаха. В результате ослабления государственной власти при шахе Султан Хосейне все ее враги подняли голову. Восстали афганцы: предводитель Кандагара Мир-Махмуд-хан, ссадив Исфахан, завладел персидской столицей и низложил шаха Султан Хосейна, объявив себя шахом (1722). Кавказские горцы, предводительствуемые Али-Султаном[26] и Сурхай-ханом[27] обрушились,

---

[25]В 1881 году, путешествуя по Сюнику, я остановился переночевать в селе Тох. Здесь мне рассказали, что старейшина упомянутых мусульман вручил двух своих сыновей Саргису епископу Джалалянцу(*Саргис, епископ Джалалянц (1810-1879) — настоятель монастыря Санаин. В 1855г. — епископ и член Эчмиадзинского Синода. С 1857 — епархиальный начальник в Тбилиси.*) с тем, чтобы они, воспитанные в армянском духе, впоследствии приняли христианство и продолжили род Мелик-Аванянов в качестве армян. Но доброй памяти епископ, вместо того, чтобы отдать детей в школу, использовал их как собственных слуг. Живя у него на кухне, дети обнаглели и украли чайные ложки епископа. Епископ был вынужден изгнать их из дома. Джалалян в то время был епархиальным начальником в Шуши.

[26] Али-Султан — правитель Шеки.

[27]Сурхай-хан — казикумыкский владетель протурецкой ориентации. С 1728 г. был назначен ханом в Ширване.

как лавина, и разорили Грузию и другие персидские провинции вплоть до озера Севан и реки Ерасх (1721-1722-1723). Одновременно, в дни царствования Петра Великого (1722-1723) русские овладели персидскими провинциями на побережье Каспийского моря — Гиляном, Мазандараном и Астрабадом и городами Дербентом и Баку. Именно в это время (1722-1723) османы, видя приближение русских к их границам и будучи осведомлены о захватнических устремлениях Петра Великого на Востоке, заняли все граничащие с ними персидские провинции. В течение двух лет они овладели Атрпатаканом, Нахичеваном, Ереваном, Тифлисом, Гандзаком и другими персидскими владениями, пока не дошли до владений меликов Карабаха.

Видя, что ослабевшая Персия распадается на части, мелики Карабаха также решили извлечь из этого выгоду. До тех пор мелики считались персидскими ленными князьями, теперь же они решили полностью освободиться от персидского господства и основать независимое армянское государство. Для обсуждения своих замыслов и отдачи необходимых распоряжений, они тайно собирались в монастыре Гандзасар, предводительствуемые католикосом Есаи.

В описываемый период меликами Карабаха были:

1. Гюлистаном правил мелик Абов II Мелик-Бегларян.

2. Джрабердом правил мелик Есаи Мелик-Исраелян.

3. Хаченом правил мелик Григор Хасан-Джалалян, а затем его брат мелик Алахверди.

4. Варандой правил мелик Хусейн Мелик-Шахназарян.

5. Дизаком правил сын вардапета Гукаса мелик Еган (Аван).

IV

Замысел меликов Карабаха — основать у себя на родине независимое армянское княжество — не был нов. Еще в 1701 году они послали к Петру Великому своего представителя — индийского армянина Исраела Ори[28]

---

[28] Исраел Ори (1658-1711) — один из виднейших организаторов освободительного движения армянского народа против персидского и турецкого ига. В надежде найти поддержку освободительному движению армян Ори побывал в Венеции, Париже, Дюссельдорфе, Вене. В 1699 г. вместе с меликом Сафразом созвал тайное совещание в Ангехакоте (Восточная Армения), на котором было принято решение обратиться к России и к ряду западноевропейских государств с просьбой о помощи. Начав переговоры в Москве с русским двором в 1701-1703гг., Ори добился согласия России оказать помощь, что ознаменовало начало военно-

— сопровождаемого вардапетом Минасом [29] и несколькими другими людьми. Они предстали перед царем в Смоленске. Целью этого посольства было убедить царя принять армян под свое покровительство. В этом случае армяне могли бы начать собственными силами войну с персами, сбросить мусульманское иго и принять покровительство русского христианского государства. Для спасения своей родины, заявил Ори, армяне имеют наготове 17000 воинов в районе Шемахи, 60000 — в Карабахе, а в 17 персидских провинциях Армении можно собрать еще более 100000 человек. И если войско царя прибудет в эти края, то армяне берут на себя обязательство содержать его на собственные средства.

Как человек, хорошо знакомый с Востоком, Ори показал царю карту Армении, ознакомил его с древней армянской историей и ее царями[30] и разъяснил те выгоды, которые приобрел бы царь, приняв Армению под свое покровительство. Ори сообщил, что он уже обратился к главам европейских и иных государств и получил согласие австрийского императора и кюрфюрста Баварии объединить свои силы с русскими для восстановления Армении.

Орлиный взор великого государя мгновенно уловил те огромные выгоды, которые он мог приобрести, получив в свои руки искусный в торговле и одновременно воинственный народ, с которым был знаком еще с юношеских лет[31]. Для осуществления его завоевательной политики на Востоке, его дальновидных планов по установлению торговых отношений между Россией и Индией необходимы были умелые посредники и хорошие проводники — и подобных деятелей он увидел в армянах.

политического союза между Россией, Грузией и Арменией. Произведенный в чин полковника, он в 1704 г. был отправлен в Европу, а в 1707 г. возглавил посольство в Персию с письмами Петра I к шаху с просьбой улучшить положение христиан. По возвращении в Россию, был умерщвлен в Астрахани, где и похоронен. Программа освобождения Армении с помощью России, осуществляемая Ори, была продолжена многими последующими политическими деятелями армянского народа.

[29] Минас-вардапет — архиепископ Минас Тигранян (1658-1740). Полагают, что он родом из города Тигранакерта. Участник тайного совещания армянских старшин в 1699 г. в селе Ангехакот (в Сюнике). С того времени известен как один из видных деятелей освободительного движения XVIII в.

[30] И сегодня в библиотеке Гандзасарского монастыря можно увидеть частью сохранившиеся выполненные маслом изображения армянских царей, изготовленные в то время для представления европейским государям.

[31] Во время пребывания Петра Великого за границей он познакомился в Голландии с неким Абро, торговцем из Смирны, которого позже пригласил торговать в Россию.

Поэтому он весьма любезно принял предложение армянских посланников и обещал всяческую помощь армянам в осуществлении их замыслов.

Но у Петра не было времени начать решительные действия на востоке, так как он был занят войной со шведами, которая в это время особенно обострилась. Кроме того, он считал необходимым лучше ознакомиться с современным положением и политической ситуацией в Персии. С этой целью Петр Великий образовал посольство, главой которого был назначен тот же Исраел Ори[32], и послал его в Персию (1707) к шаху Султан Хосейну.

Соратник Ори — вардапет Минас — остался в России и продолжил переговоры между «армянским собранием» Гандзасарского монастыря и царским двором.

Ори направился в Персию через Армению, прошел Шемаху, Карабах, Нахичеван, чтобы на месте ознакомиться с подготовкой армян, поощрить их и настроить против персов в пользу России.

Несмотря на то, что миссия Ори прикрывалась невинным именем посольства папы римского, который не имел на востоке каких-либо интересов, правитель Шемахи Гусейн-хан Мусабекян[33*] еще до прибытия Ори в столицу Персии сообщил шаху, что Ори собирается основать армянское государство, уничтожить власть персов и т. д. Получив эти сведения, шах так разгневался, что даже решил вообще не принимать «папское» посольство. Но Ори с необычайной дипломатической ловкостью развеял сомнения шаха и был удостоен великолепного приема в Исфахане.

Ори оставался в Исфахане несколько лет. За это время ему удалось выполнить различные поручения царя, собрать требуемые сведения и тайно переслать их в Россию своему другу вардапету Минасу, который в свою очередь доставлял их царю.

С успехом выполнив порученную ему миссию, Ори вернулся в Россию, привезя с собой подарки шаха Петру Великому на 200 000 рублей.

Царь был так доволен службой Ори, что обещал дать ему 40000

---

[32] Исраелу Ори указом царя был пожалован чин полковника.

[33] Этот Гусейн-хан — армянин из дома Мусабекянов, родом из Агулиса. Один из его братьев — Мехмет-Кули-хан был персидским наместником в Ереване. Последний, когда заподозрил, что католикос Аствацатур(*Речь идет о католикосе всех армян Аствацатуре Хамаданеци (1715-1725), обратившемся к русскому двору с просьбой помочь армянам освободиться от турецкого и персидского ига.*) ведет тайные переговоры с грузинскими царями и хочет объединиться с ними для освобождения Армении от персидского господства, наложил огромный штраф на Эчмиадзинский монастырь. Вообще принявшие мусульманство братья Мусабекяны нанесли огромный вред восстанию армян.

солдат для освобождения его родины, а привезенные из Персии дары повелел употребить на военные нужды. Но Ори с благородным великодушием отказался от подарков царя, заявив, что армяне нуждаются лишь в его милосердии, а войско у них имеется.

Но вскоре мелики Карабаха лишились помощи этого энергичного патриота, так как Ори, выполняя поручение царя, заболел в пути и у мер в Астрахани [34] (4), унеся с собой в могилу (1711) [35] асе свои мечты об освобождении родины. Но смерть Ори не положила конец делу, которому он служил.

V

После смерти Ори дело его продолжил вардапет Минас. Он не уехал из России и выполнял роль посредника между царем и «армянским собранием» Гандзасарского монастыря, в котором собирались на совет мелики Карабаха. Этот энергичный вардапет, хотя и был к тому времени назначен архиепископом армян в России, больше занимался политическими делами, чем церковными. Он имел своих тайных агентов во всех более или менее значительных местах Персии, которые отовсюду сообщали ему сведения[36]. Некоторые из этих агентов удостоились особой милости государя[37].

------

[34] В действительности Ори был отравлен астраханским воеводой П А. Апраксиным. Обстоятельства этого преступления подробно рассмотрены в книге А. Иоаннисяна «Очерки истории армянской освободительной мысли», кн. II, Ереван, 1959, с 620-624, на арм. яз.).

[35] После смерти Ори русские чиновники Астрахани разграбили его имущество и обвинили в мошенничестве. Вардапету Минасу пришлось приложить большие усилия, чтобы вернуть часть захваченного имущества и восстановить честь своего покойного друга.

[36] Один из этих агентов был Саргис ди Гиланенц, записки которого о событиях того времени в Персии напечатаны в журнале «Крунк». В 1870 году профессор К. Патканян, переведя их на русский язык, представил в Императорскую академию в качестве важного исторического источника.

[37] Одним из них был армянин по имени Навасард, которого, когда царь пожелал вознаградить его за оказанные услуги, обнаружили умершим в Персии. После него не осталось даже наследников. Нашли лишь одного армянина, по имени Лазарь, служившего у покойного и осведомленного в его делах. Царь велел призвать Лазаря и пожаловал ему чин генерала. Это тот самый генерал Лазарь Христофоров (*Лазарь Христофоров (Агазар ди Хачик) — видный военный деятель, первый армянский генерал русской армии, родился в 1690 г. в купеческой семье в Новой*

В это время в Персии последовательно произошли события 1721, 1722 и 1723 годов, описанные нами в III главе. Шах Султан Хосейн был низложен, афганцы захватили персидскую столицу, османы овладели приграничными персидскими провинциями. Государство Сефевидов находилось в состоянии полного распада. Но русские, вместо того, чтобы обратить внимание на Армению, завоевывали персидские провинции на побережье Каспийского моря.

Мелики вновь обратились к русскому двору. Их посланцы — священники тэр Антоний, тэр Петрос, Челебикехва и Симон Попов — беспрестанно прибывали в Россию, и послания армянских меликов, католикосов Есаи и Нерсеса[38] (2) через вардапета Минаса представлялись царю. Ответы Петра Великого неизменно содержали в себе милостивые обещания, он советовал им подождать, обнадеживая, что все чаяния осуществятся. Эти переговоры длились несколько лет. И поскольку Грузия в это время находилась в том же положении, что и Армения (там также властвовали османы), то и грузины, подобно армянам, обращались к царю с той же просьбой. Наконец, армяне получили ответ: объединить свои силы с грузинскими и ждать, пока царь во главе русского войска лично прибудет осматривать вновь завоеванные персидские земли. Тогда армяне и грузины, соединившись с русским войском, могут начать восстание.

VI

Эта весть с огромной радостью была встречена как армянами, так и грузинами. Два христианских народа со схожей судьбой должны были выступить рука об руку под покровительством великого христианского

Джуге. Был одним из инициаторов объединения отдельно действующих армянских вооруженных отрядов и создания единого армянского эскадрона в составе русского корпуса, действовавшего в южных Прикаспийских областях в 20-е годы XVIII в. С конца 1724 г. после гибели Петроса ди Саргис Гиланенца был бессменным командиром Армянского эскадрона, состоящего из 600-700 человек, на содержание которого израсходовал большую сумму из собственного капитала. С 1734 г. был произведен в чин генерал-майора. Умер в 1750 г. в Кизляре.), который, став командиром отдельного Армянского эскадрона, сыграл довольно видную роль в персидских походах Петра Великого. Впоследствии (1736) со своим отрядом и армянскими офицерами был переведен в Кизляр.

[38] Патриарх Нерсес (1706-1763) — католикос монастыря Ерек Манкунк («Трех отроков») в Арцахе, сторонник русской ориентации армянского освободительного движения.

государя против мусульманского ига, совместно бороться за освобождение своей родины.

Мелики Карабаха в этот момент обратились к грузинскому царю Георгию Шахнавазу с просьбой прислать искусного и опытного военачальника для руководства армянским войском. Царь остановил свой выбор на армянском князе Давид-беке[39], который в это время служил в Грузии. Давид-бек прибыл в Карабах (1722) и собрал 60-тысячное войско, во главе которого поставил мелика Аван-хана (мелика Егана) и Авана Мирзу (Авана-юзбаши)[40], а сам с главными силами направился в Чавндур Капанской области, где была родина князя.

Приготовления Петра Великого к новому походу в Персию, с одной стороны, и действия Давид-бека — с другой, стали поводом для того, чтобы османский паша Эрзерума потребовал от Давид-бека разъяснений о причине мобилизации армянского войска Карабаха. Дело было столь очевидным и обещания русских столь несомненны, что Давид-бек, если бы и хотел, скрыть уже ничего не мог. Он смело ответил, что все это делается по повелению царя Петра Великого. В ответ на это османы начали спешно захватывать сопредельные персидские провинции и заняли все пространство от Еревана до Тавриза, намереваясь препятствовать успешному продвижению великого царя.

Давид-бек и другие армянские мелики, наблюдая приближение османских сил, представляющее очевидную опасность для осуществления их целей, незамедлительно сообщали о нем Петру Великому, прося его не запаздывать и ускорить начало похода. На сей раз царь не мешкал: он тут же приказал своему войску (численностью 30 000) продвинуться к персидской границе, а сам выступил в Дербент (22 августа 1722 г.).

Ожидая прибытия Петра Великого в Дербент, грузины и армяне расположили свои войска около города Гандзак. Грузинским войском командовал второй наследник Георгия Шахнаваза Вахтанг[41], а армянским

---

[39] Давид-бек — герой моего одноименного романа.

[40] Аван-юзбаши (Иван — Ованнес Бабанов) один из выдающихся деятелей армянского освободительного движения в первой трети XVIII в., полководец. С 1721 г. стоял во главе вооруженных сил армянского народа в Арцахе и до 1729 г. руководил борьбой против персидских, а с 1724 г. и турецких завоевателей. В 1729 г. в Баку вел переговоры с целью получения военной помощи от русского командования. С этого времени остался в России во главе небольшого (2500 человек) отряда армян на русской службе В 1734 г. царским указом ему был пожалован титул главного хана. Умер в 1734 г в Астрахани.

[41] Речь идет о Вахтанге VI (1675-1737) — царе грузинском (картлийском) в 1703-1724 гг., политическом деятеле, поэте, писателе и историке. Последовательный сторонник русской ориентации, признанный руководитель освободительного

— Давид-бек. Численность обоих войск составляла 52 000 человек. В рядах армянской армии находился и предводитель армянского движения католикос Гандзасара Есаи[42]. Но все эти великолепные приготовления со стороны как армян, так и грузин, оказались тщетными, ибо внезапно была получена весть о том, что царь из Дербента возвратился в Астрахань, а оттуда в Россию.

Причину неожиданного возвращения царя объясняли тем, что буря на Каспийском море уничтожила большую часть его кораблей, везших провиант для армии, и царь опасался, что после высадки на сушу, в Армению, войско будет голодать. Но верно лишь то, что он из Астрахани послал несколько батальонов, которые под началом полковника Шипова[43] и генерала Матюшкина[44] вступили на южное побережье Каспийского моря и заняли персидские провинции Гилян, Мазандаран, Астрабад и Баку.

Войска армян и грузин, огорченные, обманутые в своих ожиданиях, возвратились на свои места. Вахтанг отправился в Тифлис, где его ожидали ужасные события[45], а Давид-бек — в Сюник.

движения народов Закавказья в борьбе против Персии и Турции, он имел тесные сношения со всеми деятелями армянского освободительного движения, особенно с меликами Арцаха и Гандзасарским католикосом Есаи Хасан-Джалаляном и Давид-беком. Во время Каспийского похода Петра Первого в Закавказье в 1722 г. он стоял во главе союзных грузино-армянских войск, движущихся навстречу русским войскам.

[42] Этот видный священнослужитель, бывший не только очевидцем, но и главным действующим лицом современных ему событий, оставил обширную и подробную их историю, изложенную в форме дневника. В 1839 году митрополит Багдасар опубликовал ее в городе Шуши, но в значительно сокращенном и безжалостно урезанном виде. Сейчас мы считаем излишним объяснять, с какой целью совершил покойный митрополит это «литературное убийство», отметим лишь, что оригинал истории католикоса Есаи был значительно более объемистым, как это видно из дошедшего до нас рукописного списка, наполовину, к сожалению, сгнившего. Было бы желательно выявить полный текст этого труда, содержащего богатый материал для нашей новой истории.

[43] Шипов, Николай Михайлович — полковник, командир войск (двух батальонов пехоты), отправленных для занятия провинции Гилян в 1722 году.

[44] Матюшкин, Михаил Афанасьевич (1676-1737) — генерал-аншеф, один из сподвижников Петра, опытный военачальник, участник Полтавской битвы. Особенно отличился в Каспийском походе как главнокомандующий войск, дислоцированных в Прикаспийских землях.

[45] Сын Назар-Али-хана (Ираклия I) Магомет-Кули-хан (*Имеется в виду кахетинский царь Константин Второй (1722-1733), принявший ислам, перешедший на сторону шаха Тахмаспа и захвативший Тбилиси. Однако перед*

VII

Эта неудача нанесла огромный урон делу, начатому армянами. До этого они похвалялись русскими, угрожали мусульманам именем великого царя, но как только мусульмане поняли, что все это лишь несбыточные надежды, они начали с еще большим озлоблением чинить насилия над христианами.

Именно в то время (1723), когда русские овладели прибрежными персидскими провинциями, османы начали продвижение в глубь Армении. Захватив Нахичеван, Ереван, Тифлис и Гандзак, они подошли к Карабаху.

Сары-Мустафа-паша, командовавший османскими отрядами, двигавшимися в сторону Карабаха, расположился в городе Гандзак, откуда посылал их во все стороны. Армянские мелики с ужасом поняли, что вместо ослабевших, обессиленных персов перед ними предстал новый и еще более могущественный противник, способный погубить все их надежды.

Они вместе со своим союзником Вахтангом[46] попытались в третий раз обратиться к царю, прося помощи против османов. Но царь в это время думал уже не о восстановлении независимости Армении, а о заселении новозавоеванных им персидских провинций — Гиляна и Мазакдарана — народом преданным и христианским, какими были армяне. Лучшие военачальники этого народа со своими отрядами помогали ему овладеть этими провинциями, мудрые политики, вышедшие из недр этого народа, указали ему путь, предводительствовали им и создали возможность почти без сопротивления овладеть упомянутыми землями; теперь же царь пожелал, чтобы тот же народ покинул свою родину, возрождением которой он был столь воодушевлен, и переселился в далекий и незнакомый край. Этот народ нужен был для этой новой страны: он —

турецкой опасностью способствовал сплочению сил Закавказья и обратился к России за помощью. Был убит турками в 1733 г.) (Константин II), который, приняв, подобно своему отцу и брату Имам-Кули-хану (Давид III), магометанство, был назначен персидским шахом правителем Кахетии. Этот злодей обратился к предводителю лезгинов Али-Султану, обещал каждому из его отрядов по 3 тумана, дабы они помогли ему овладеть Тифлисом и убить Вахтанга. Лезгины захватили Тифлис, и Вахтанг бежал в Имеретию. Но Магомет-Кули-хан не смог выплатить обещанного вознаграждения и отдал Тифлис лезгинам на разграбление. Весь город стал жертвой погромщиков.

[46] После захвата Тифлиса османами Вахтанг был изгнан со своей родины и находился в Имеретии, а затем, вконец отчаявшись, удалился со своей семьей в Москву (1724).

верен, покорен, и главное — в его руках восточная торговля, с его помощью великий государь мог осуществить свою заветную цель — проложить торговые пути из Европы на Восток через Россию — и тем самым преобразить жизнь своей страны.

Но как армяне, так и грузины не переставали искать покровительства царя для спасения своей родины. Они предпочитали остаться в своей стране, но освобожденной от мусульманского гнета.

Именно в это время состоялись дипломатические переговоры, окончательно лишившие армян и грузин надежд на осуществление их планов.

Как раз в тот момент, когда царь вернулся из Астрахани в Москву (3 сентября 1723 г.), туда прибыл посол шаха Тахмаспа[47]. Между русскими и персами был заключен мирный договор[48], согласно которому персы признали права русских на города Баку и Дербент, а также провинции Гилян, Мазандаран и Астрабад. Царь же, в свою очередь, обещал послать войско для оказания помощи шаху Тахмаспу в борьбе против афганцев и османов. Хотя в итоге этот договор и не был подписан шахом, тем не менее османы страшно разгневались, узнав о вмешательстве русских в дела персов. Но царь успокоил их, подписав с Высокой Портой мирный договор (12 июня 1724 г.), на основе которого стороны пришли к соглашению, что османам отходят Грузия, равнинный Дагестан и армянские области — весь Атрпатакан, Нахичеван, Ереван, Гандзак, Карабах и другие, вплоть до части Ширвана. Вследствие этого договора все надежды армян на помощь России развеялись, ибо теперь русские, при всем своем желании, не могли помочь им.

Поэтому, когда армянские католикосы и мелики вновь обратились к Петру Великому со своим посланием (10 ноября 1724 г.), царь соизволил принять армян под свое высокое покровительство и милостивейше повелел коменданту крепости Дербент генералу Кропотову отвести им места при крепости Св. Креста, по рекам Сулак, Аграхан и Терек. В то же время канцлер царя Гавриил Головк[49] отправляет секретные

---

[47] Шах Тахмасп — сын шаха Султан Хосейна.

[48] Имеется в виду русско-турецкий договор 1724г., заключенный в Константинополе, по которому Каспийское побережье — от Дербента до Мазандарана — отошло к России, а Турция получила права на персидские владения Закавказья: Тбилиси, Ереван, Гянджа, Нахичеван, провинции Карабах, Капан, а также персидские земли севернее линии Ардебиль — Тавриз и западнее линии Тавриз — Керманшах.

[49] Головкин, Гавриил Иванович (1660-1734) — видный дипломат и государственный деятель петровского времени. С 1709 г. до конца жизни — государственный канцлер

распоряжения властям вновь завоеванных персидских провинций с тем, чтобы они склонили армян оставить свою страну и переселиться в Прикаспийские области — Гилян и Мазандаран, ибо в соответствии с договором, заключенным с Высокой Портой, царь не мог оказать помощи армянам, пока они будут оставаться в своей стране. Еще до этого командующий войсками в Прикаспийской области генерал Матюшкин получил приказ постепенно очистить Гилян и Мазандаран от мусульман и поселить там армянских переселенцев.

Но скоропостижная смерть (28 июня 1725 г.) не позволила Петру Великому осуществить этот замысел. После смерти царя на русский престол взошла его жена Екатерина I, в период царствования которой положение армян еще более ухудшилось.

Хотя Петр Великий и не смог помочь армянам в их борьбе против мусульман, тем не менее весть о смерти царя повергла армян в скорбь. Католикосы Есаи и Нерсес, мелики Карабаха послали из Дербента депутацию к императрице Екатерине I, чтобы выразить ей глубокое соболезнование. Депутацию возглавляли Баги-юзбаши, Челеби-кехва и другие знатные люди. Одновременно они сообщили, что Сары-Мустафа-паша с сорокатысячным войском напал на Карабах и армяне после восьмидневного отчаянного сопротивления с трудом смогли одолеть османов. Посланники добавили, что армяне вряд ли смогут долго продержаться, если не будет оказана помощь.

Государыня в своей грамоте (22 февраля 1726 г.) соизволила выразить свою императорскую милость к армянскому народу, что же касается самого дела, то, как сказано в грамоте, о нем Челеби-кехва должен был объявить словесно.

Армянским посланцам было наказано сообщить повстанцам Карабаха, чтобы они оставались верны освободительному движению, продолжали борьбу с мусульманами до тех пор, пока на помощь им придут грузинский царь Вахтанг и генерал князь Долгорукий[50].

В дальнейшем армяне несколько раз повторяли свою просьбу, но никто не пришел им на помощь, и они вынуждены были сражаться, уповая на собственные силы. Но, видимо, армянам не суждено было дождаться светлого дня, ибо в дни царствования государыни Анны Ивановны (1732) объявился зловещий Надир[51], в Персии произошли

---

[50] Долгорукий, Василий Владимирович (1667-1746) — фельдмаршал, одни из активных участников Каспийского похода, сторонник боевого сотрудничества с армянскими войсками против турецких агрессоров В 1726 г главнокомандующий войсками, сосредоточенными на Кавказе. Был президентом Военной колле гии.
[51] Тахмасп-Кули-хан — Надир шах Афшар (1688-1747) — шах Ирана (1736-1747), из племени афшар. В 1726 г. поступил на военную службу к шаху Тахмаспу

крупные перемены, в результате которых дело, предпринятое армянами, не могло иметь успеха.

VIII

Надир[52] появился в тот момент, когда, как мы увидели выше, Персия была раздроблена, а персидский трон был захвачен иноземцами. Одну часть Персии захватили афганцы, другую — русские, а Армения, Грузия и ряд других персидских областей находились в руках османов.

Надир обрушился, как бешеный ураган, изгнал из Персии афганцев, захватил часть Индии и, наконец, обратил свой меч против османов. Его поразительные успехи вдохнули новые силы и новые надежды в армянских меликов Карабаха. Последние начали собственными силами изгонять из своей страны османов.

В это время главнокомандующий турецкой армией Сары-Мустафа-паша со своими главными силами находился в городе Гандзак, а остальные войска рассредоточил в провинциях меликов Карабаха. Мелик Аван, старший среди меликов, воспользовавшись дружеским отношением к нему паши и внешне выражая полную покорность, организовал грандиозный заговор. Все мелики объединились вокруг него. Девизом восстания стал следующий призыв: «Сохраняйте старые семена, способные прорасти, и уничтожайте новые, не обещающие плодов!» Иначе говоря, не трогайте персов и уничтожайте османов. Резня должна была свершиться в первую ночь Великого поста. В эту Варфоломеевскую ночь армяне перебили все османское войско, находившееся в Карабахе и Гандзаке. По причине зимних холодов воины жили в домах армян. Каждый хозяин дома расправился со своим незваным гостем. Сары-

---

Второму и в том же году в качестве его военачальника принял имя Тахмасп-Кули хан. В 1732 г. он низложил Тахмаспа и объявил шахом его двухмесячного сына — Аббаса III, при котором стал регентом (векилем), а в 1736 г провозгласил себя шахом Захватнические войны Надир-шаха привели к созданию обширной лоскутной империи, в которую были включены Восточная Армения, Восточная Грузия, Дагестан, Афганистан, Белуджистан, Хивинское и Бухарское ханства Надир, с целью привлечения на свою сторону армян и грузин в борьбе протлв Турции и отрыва их от России, формально признал независимость меликов и князей от ханов и подчинил их себе.

[52] Надира называли также Тахмасп Кули-ханом. Поначалу это был обыкновенный предводитель бандитов, грабивших караваны в степях Хорасана. Позже он стал военачальником, а затем и главнокомандующим персидской армией. Наконец, убив шаха Тахмаспа, захватил персидский престол.

Мустафа-паша сумел спастись, сбежав в Ереван. Это достопамятное событие произошло в 1733 году.

Я считаю не лишним описать здесь случай, происшедший в ту ночь в Варанде, в селе Аветараноц. В нем воплощен героизм армянской женщины. Аветараноц — это цитадель меликства Варанды. Здесь расположился один из османских военачальников со своим отрядом. Звали его Сулейман-бек. Прослышав о красоте дочери мелика Хусейна Гаянэ, он задумал завладеть ею. Но не осмеливаясь применить силу, объявил, что хочет жениться на ней. Отец и мать обещали отдать дочь нечестивому мусульманину, но всячески затягивали дело, объясняя это тем, что в соответствии с армянской религией и национальными обычаями прежде необходимо выполнить различные обряды. Так они выигрывали день за днем, пока не наступила назначенная ночь. Началось побоище. Мелика Хусейна в эту ночь не было дома, он должен был действовать в другом месте. Резней в Аветараноце руководила его отважная жена Анна-хатун[53]. В тот момент, когда она с оружием в руках сражалась с османами на улицах селения, самозваный зять попытался найти спасение в ее доме. На пороге его встретила Гаянэ, также вооруженная. Увидев входящего в дом ненавистного жениха, девушка вонзила кинжал ему в сердце... После этого убийства Гаянэ приняла монашество и вступила в девичью пустынь того же села Аветараноц[54].

Память о героических деяниях Анны-хатун и Гаянэ сохранилась лишь в народном предании, память же о мелике Хусейне запечатлена на надгробии, установленном в усыпальнице пустыни Кусаноц[55].

---

[53] Анна-хатун была сестрой владетеля гавара Дизак мелика Авана (Егана), который и организовал всеобщее восстание.

[54] Во время моего путешествия, в 1881 году, в селении Аветараноц мне посчастливилось увидеть великолепное рукописное Евангелие, переписанное рукой Гаянэ.

[55] «Могила сына мелика Шахназара Мелика Хусейна. В лето 1185 (1736 г.)

Свою песню хвалебную
О мелике Хусейне
На надгробии его высекаю.
Был он владыкой всей Варанды
С тридцатью пятью селениями.
И стол его был полон хлеба
И всем подавал он милостыню.
Внешностью был он прекрасен,
Гордостью являлся армянской нации,
В битвах беспощадно убивал персов,
Храбро воевал с османцами проклятыми,

34

Борьба меликов Карабаха с османами — это важнейший эпизод в нашей истории нового времени, который еще не исследован и не обнародован. Здесь же мы отметим, что армяне, освободив своими силами родину от османов, во многом способствовали победе Надира над османами, и главнокомандующий персидской армией, став впоследствии шахом, как мы увидим далее, не забыл заслуг армянских меликов. Он оказался более благодарным, чем христианские монархи.

В то время как армянские мелики громили османов в Карабахе, князь Сюника Давид-бек творил в Капане чудеса. Крепости мусульманских властителей одна за другой пали перед его грозной мощью. Во время осады крепости Алидзор он с горсткой храбрецов рассеял более чем 20-тысячную армию османов[56*]. Он полностью очистил Капан, Баргушат, Чавндур, Генваз и Гохтн от османов, отобрал у них Мегри и Ордубад. Узнав об этом, персидский шах Тахмасп[57**] щедро вознаградил Давид-бека, пожаловав ему многие привилегии. Он послал беку знамя, великолепного коня и подтвердил шахским фирманом его наследственное право на подвластные ему земли, он дал ему также право чеканить монеты с собственным именем. Но внезапная смерть не позволила герою воспользоваться плодами своих побед... В 1728 году он был предательски отравлен[58]. В том же году умерли три видных деятеля Карабаха: Абов II Мелик-Бегларян, мелик Есаи Мелик-Исраелян и католикос Гандзасара Есаи. Мелику Абову наследовал его сын мелик Овсеп, католикоса Есаи сменил католикос Нерсес из монастыря Ерек Манкунк, а мелику Есаи наследовал его брат Алахкули, которому Надир пожаловал титул султана.

Надир, совершив ряд победоносных походов, сумел в течение нескольких лет освободить все персидские области (Атрпатакан, Нахичеван, Ереван, Грузия, Гандзак и др.). Победы Надира навели страх даже на русское правительство, которое в дни царствования Анны Ивановны без сопротивления возвратило Надиру все завоеванные Петром Великим персидские провинции (Гилян, Мазандаран, Астрабад, Баку и

Не платил он дани ни одному царю,

Был мощным оплотом всей страны».

[56] В истории указано 70000, но эта цифра преувеличена.

[57] Не следует забывать, что до убийства шаха Тахмаспа Надир был его главнокомандующим; на престол он взошел после убийства шаха.

[58] Эта версия не подтверждается источниками. Согласно свидетельству участника освободительной борьбы в Сюнике, Давид-бек заболел и скончался в крепости Алидзор в 1728 г. (см «История армянского народа», т. IV, Ереван, 1972, с. 170-171, на арм. яз.)

Дербент)[59] . Одержав ряд блистательных побед, Надир зимой 1736 года расположил свою армию у реки Ерасх, в широкой Муганской степи. Сюда были призваны правители всех персидских провинций, правитель (вали) Кахетии — принявший мусульманство сын Имам-Кули-хана (Давида III) Али-Мирза-хан, эчмиадзинский католикос Абраам [60] и католикос Карабаха Нерсес, все армянские мелики и калантары Карабаха, Нахичевана, Еревана, сын тифлисского князя мелика Ашхал-бека Ага-бек (дед князей Бебутянов), принимавший участие в индийских походах Надира.

В феврале месяце того же года в Муганской степи была совершена церемония возведения на престол Надира. Армянский католикос Абраам освятил его саблю и своею рукою повязал ее на спину нового персидского царя.

По восшествии на престол Надир-шах, раздавая присутствовавшим различные должности и награды, отметил и подвиги, совершенные армянскими меликами, которые проявили столько усердия в разгроме османов. Особым фирманом он вновь подтвердил владетельские права меликов, предоставил каждому право суверенно править своим княжеством, выплачивая определенную ежегодную дань. Таким образом, мелики, подчиняясь лишь шаху, обладая абсолютными правами на самоуправление, в качестве вали (феодальных князей) могли жить мирно и безопасно и еще более укреплять свои силы.

Нескольким меликам были пожалованы высокие титулы. Мелик Алахкули, сын мелика Исраела, получил титул султана [61] и стал называться Алахкули-султан. Особой милости шаха удостоился владетель

---

[59] Десятого марта 1735 г. между Россией и Персией был подписан Гянджинский договор, по которому Россия возвращала Персии все территории в Прикаспии. Персия брала на себя обязательство не передавать эти территории никакой другой державе и не заключать сепаратного мира с Турцией. Однако, нарушив это условие, Персия уже в 1736 г. заключила сепаратный договор с Турцией.

[60]Сей католикос Абраам, прозываемый Кретаци, пользовался особым расположением Надира. Храбрый персидский военачальник был его гостем в Эчмиадзине, а во время своих походов в Армению и Грузию не отпускал католикоса из своей армии. Это позволило католикосу ближе ознакомиться с деятельностью шаха, которой Абраам посвятил книгу, изданную в Эчмиадзине в 1870 году («Повествование католикоса Абраама Кретаци о его приключениях и о Надире, шахе Персии»).

[61] Титул «султан» не следует понимать в том значении, в каком он употребляется ныне в Турции. В современной Персии — это воинское звание, а во времена Надира этот титул присваивался правителям отдельных провинций или небольших областей.

Дизака мелик Аван (Еган), которого шах называл «бабалэх», то есть духовный отец. Мелик Аван был старейшиной карабахских меликов; он на протяжении целого года снабжал шахское войско продовольствием и явился организатором описанной нами выше ужасной резни, во время которой армяне за одну ночь уничтожили всех османов, находившихся в Карабахе. Шах пожаловал ему титул хана, после чего он стал называться мелик Аван-хан. Он был назначен главой всех пяти меликств Хамсы: все налоги, собранные в меликствах, передавались ему, а он, в свою очередь, уплачивал их в дворцовую казну.

Когда католикос Абраам, по просьбе шаха, совершил в Муганской степи обряд празднования Святого Рождества и Крещения, при этом присутствовали, помимо христиан, до трех тысяч персидских придворных, шейх-уль-ислам, кази и другие знатные люди. Из присутствующих только мелик Аван-хан был удостоен чести извлечь крест из воды.

Можно упомянуть и об одном небольшом эпизоде, хотя и несколько комичном, но свидетельствующем о близости и дружбе Аван-хана с грозным царем Персии.

Надир-шах имел обыкновение обедать в доме мелика Аван-хана, гостеприимство которого было общеизвестно. Однажды шах, желая поставить хозяина в неловкое положение, попросил приготовить на обед свежие грибы. И хотя была зима и в это время года в лесах Карабаха грибов не было, мелик Аван-хан обещал, что воля шаха будет выполнена. Во время обеда, когда шах потребовал желаемое блюдо, слуги мелика поставили перед ним поднос, наполненный золотом. «Я заказывал грибы», — сказал шах. «Мы можем насытиться и без грибов, — ответил мелик, — но вашим воинам для победы над врагом нужно золото». Шах остался весьма доволен ответом мелика и принял дар.

Мелик Аван пользовался уважением и российского правительства. В дни царствования Анны Ивановны (1734) он отправился со своей свитой в Россию, где встретил прекрасный прием. Государыня за услуги, оказанные им Петру Великому во время персидских походов, пожаловала мелику Аван-хану чин генерал-майора и различные ордена. Всей его свите также были пожалованы ордена, чины и пенсии.

Позже, во время царствования Елизаветы Петровны, мелик Аван-хан, уже в преклонном возрасте, снова отправился в Россию, взяв с собой свою семью. Знатный владетель Карабаха вновь был удостоен орденов и других знаков высочайшей милости, хотя целью его миссии было не личное тщеславие, а спасение своей несчастной страны. Августейшая дочь Петра Великого пожелала лично увидеть престарелого героя, и ему была назначена аудиенция в Санкт-Петербурге. Граф Миних и граф

Разумовский представили мелика Аван-хана и его семью императрице. Во время приема государыня, увидев юную красавицу, внучку мелика, пожелала оставить ее у себя во дворце в качестве фрейлины. До отъезда семейства Аван-хана из Санкт-Петербурга она жила во дворце, и лишь после настойчивых просьб мелика государыня позволила ей вернуться с родителями на родину, щедро одарив ее.

После возвращения на родину, в Дизак, мелик Аван-хан прожил недолго, он скончался в 1744 году и похоронен в усыпальнице церкви своей крепости Тох. Его старший сын мелик Арам правил всего год, после чего власть перешла к младшему сыну мелику Есаи, который, как мы увидим далее, был предательски убит Ибрагим-ханом Шушинским. Большинство потомков мелика Аван-хана стали жертвой предательства. Поэтому его вдова Гоар-ханум была вынуждена покинуть родину и вместе с оставшимися детьми переселиться в Астрахань, а оттуда в Кизляр. К роду мелика Аван-хана и его брата принадлежат князья Сумбатяны, князья Меликовы и Айрапетяны, занимавшие высокие должности в Астрахани, Санкт-Петербурге и Москве.

IX

Появление Панах-хана

После того как Надир-шах провозгласил себя в Муганской степи царем, он переселил в Хорасан довольно значительную часть кочевавшего в степях, расположенных на правом берегу Куры, тюркского племени, которое по названию местности называлось джеваншисцы, и поселил их в провинции Сархас. Основным занятием джеваншисцев были скотоводство и разбой. Для сохранения мира в стране Надир счел наиболее благоразумным переселить это беспокойное, полудикое племя в глубь Персии.

К одному из родов этого племени, называемого сарыджаллы, принадлежал и некий Панах, который после переселения в Персию сумел получить незначительную должность при дворе шаха. Для исполнения этой должности не надо было обладать никакими достоинствами, кроме зычного голоса, чтобы в соответствии с обычаями этой страны оглашать на городских площадях царские приказы. Панах обладал этим достоинством и стал шахским глашатаем. Его называли «джарчи» Панах. Он исполнял эту обязанность до тех пор, пока, совершив какое-то преступление, вынужден был бежать в родные края, дабы избежать смертного приговора. Как преступник он скрывался в степях Карабаха, ведя незаметную, бродячую жизнь.

Затем он обратился к мелику Алахкули-султану, владетелю Джраберда, и нашел у него прибежище. Мелик назначил его сборщиком налогов в своих селах. И хотя из Персии несколько раз приходило строгое указание задержать Панаха и выслать его обратно, но он, пользуясь покровительством мелика, остался на свободе.

После того как Надир-шах был убит в Хорасане своими придворными (1747), в Персии развернулась ожесточенная борьба за власть. В различных местах появились претенденты на престол, многие провинции взбунтовались. В Мешхеде власть захватил его внук Шахрох, в Атрпатакане — его племянник Аделъ-шах, брат которого Ибрахим-мирза, впоследствии ослепив родного брата, сам взошел на престол. Во время этой смуты джеваншырцы, переселенные Надиром в Хорасан, вернулись в карабахские степи.

Для «джарчи» Панаха опасность наказания, смерти миновала, и он почувствовал себя свободным. Этот человек, простодушный сын степей, прожив долгие годы в обстановке дворцовых интриг, перенял у персов присущие им хитрость и коварство.

На службе у грозного джрабердского мелика Алахкули-султана он уже занимал видное положение. Когда Панах прослышал о смерти Надир-шаха и возвращении своих соплеменников из Хорасана, он оставил эту службу, переселился к джеваншырским пастухам и вначале жил привычной для них жизнью. Но постепенно ему удалось склонить на свою сторону наивных пастухов и, сместив прежнего старшину племени, занять его место.

Эта ничтожная должность была лишь средством, с помощью которого Панаху удалось объединить под своим началом несколько кочевых племен. Но его тщеславие не было удовлетворено. Когда после смерти Надира его племянник Адель-шах стал царем в Тавризе, он послал в Карабах человека, по имени Амир-Аслан-хан, чтобы навести там порядок. Положение персидских шахов в это время было столь шатким, что они ни дня не чувствовали себя в безопасности. Поэтому, стремясь извлечь как можно большие выгоды из своего положения, они за несколько туманов продавали должности, награды, титулы и т. д. «Джарчи» Панах также воспользовался этой ситуацией и получил от Адель-шаха при посредничестве упомянутого Амир-Аслан-хана титул хана.

Но Панах был умным человеком: он решил создать более основательное княжество, во главе которого должен был, конечно, встать сам. А для осуществления этого замысла имелось множество препятствий, главным из которых были условия существования его племени.

Джеванширцы — народ пастушеский и кочевой — зиму проводили на равнине, простиравшейся вдоль правого берега Куры, живя в переносных шатрах или землянках, а с начала весны до поздней осени пасли свои стада в горах Карабаха. Не имея постоянного места проживания, они не обладали и земельной собственностью. Так как весь Карабах находился под властью армянских меликов, они вынуждены были платить им десятину со своих баранов за право пасти скот на пастбищах меликов.

Географическое положение края было таково, что покрытые лесами горные склоны, прохладные долины, которые укрывали пастухов в летнюю жару, находились в руках армянских меликов, а джеванширцы кочевали по безводным, засушливым степям, тянущимся до берегов Куры. Панах-хан решил укрепиться где-нибудь в горах, Карабаха. Для осуществления его целей ему необходима была выгодная в стратегическом отношении позиция.

В начале он отправился в Баят[62] и начал возводить здесь крепость. Однако мелик Гюлистана Овсеп Мелик-Бегларян и мелик Джраберда Алахкули-султан Мелик-Исраелян, объединившись с правителем Ширвана Хаджи Челеби, не позволили ему осуществить это предприятие. Затем он начал строить новую крепость — Аскеран — возле Шах-булаха, на развалинах Тарнакюрта (Тигранакерта)[63]. Но мелик Гюлистана Овсеп, мелик Джраберда Алахкули и мелик Хачена Алахверди, решив, что эта крепость расположена в опасной близости от их владений, начали борьбу с Панах-ханом и вновь не позволили ему осуществить свой замысел.

Столкнувшись с сопротивлением армянских меликов, Панах-хан решил достигнуть своей цели, расколов и ослабив их. Этому способствовал ряд событий, происшедших в это время и положивших начало падению меликов Карабаха... Эти события представляют собой столь печальные страницы в истории меликов Карабаха, что мы считаем необходимым рассказать о них более подробно.

X

Мелик Дизака Аван-хан, любимец Петра Великого и Надир-шаха, глава карабахских меликов, уже давно умер (1744). После его смерти

---

[62] Баят — развалины древнего городища возле реки Каркар.

[63] Здесь допущена неточность Шах-булах, или развалины Тарнакюрта-Тигранакерта, находятся в 8-10 км к северо-воствку от современного города Агдама, а крепость Аскеран расположена в 15-18 км западнее Агдама, на реке Каркар.

среди князей Карабаха не нашлось никого, кто обладал бы его талантом и авторитетом и был способен поддерживать мир и согласие между меликами. Старший сын покойного — мелик Арам — правил всего год. Он был настолько слабовольным человеком, что, когда умер единственный сын Надир-шаха и необходимо было послать к шаху делегацию с соболезнованием, он, вместо того, чтобы поехать самому или отправить какого-либо другого достойного человека, послал свою жену. Мудрая женщина поразила всех персидских придворных, представ вместе со своей свитой в траурном одеянии перед шахом. Высказав слова утешения, госпожа хитроумно вручила шаху 6000 туманов, сказав при этом: «Вы были столь милостивы, что, признавая заслуги мелика Аван-хана и уважая его старость, называли его своим «духовным отцом». Было бы справедливо, чтобы и Вы получили часть наследства после смерти названого отца. Вот я и привезла Вашу долю». Шах был так доволен этим подношением, что приказал выдать ей из своей сокровищницы даров вдвое более принятого и с почестями проводил ее. С нею же был послан фирман, подтверждающий права ее мужа мелика Арама.

Однако, вернувшись из Персии, госпожа нашла своего мужа мертвым. По указанию Панах-хана он был отравлен предателем-армянином.

После смерти мелика Арама правление Дизаком перешло к младшему брату покойного мелику Есаи, который во всем походил на своего отца.

До сих пор среди жителей Дизака сохранилось предание о том, что при рождении мелика Есаи женщины, принимавшие новорожденного, заметили, что пальцы его правой руки сжаты в кулак. Когда он их разжал, то все увидели, что его правая ладонь вся в крови. С того дня было предсказано, что, когда младенец подрастет, его рукой будет пролито много крови. И действительно, мелик Есаи свою жизнь провел в сражениях. Дизак, расположенный вдоль персидской границы, постоянно подвергался нашествиям персов. Храбрый князь, защищая свою страну от набегов, вынужден был вести с ними бесконечные войны.

Мелик Есаи был первым из меликов Карабаха, понявшим необходимость регулярного войска и всеобщей мобилизации для обеспечения безопасности страны: он приказал штрафовать своих крестьян, если обнаруживалась нехватка оружия или оно содержалось не в безупречном состоянии. В определенные дни, после завершения полевых работ, молодые селяне занимались военной подготовкой: их обучали десятники, полусотники, сотники. «В его время, — пишет один вардапет, — безопасность нашей страны была такова, что молодые девушки, сидя в саду под деревьями, занимались рукоделием и оставались там до темноты; невесты, разодетые, принаряженные выходили из дома и безбоязненно гуляли в горах, совершенно не опасаясь того, что тюрок или перс может напасть и похитить их. Когда появлялся враг, молодежь с оружием в руках всегда готова была встретить его».

После смерти Надир-шаха дружественные отношения мелика Аван-хана с персидским двором прервались. Мелик Есаи, видя царящее в Персии безвластие, междоусобицу и внутренние распри, а особенно возмущаясь наглостью персидских сборщиков налогов, решил не признавать их и отказался платить налоги. Этим обстоятельством воспользовался Панах-хан и донес на мелика Есаи Адель-шаху в Тавриз. Шах повелел правителю Карадага[64] Казим-хану отправиться в Карабах и покарать мелика Есаи. Хан Карадага явился с огромным войском, Панах-хан с несколькими тысячами человек присоединился к нему, и они осадили крепость мелика Есаи Тох. Тот, кто видел Тох, понимает, что многочисленность вражеского войска не могла испугать мелика Есаи, так как могущественному противнику вместе с его храбрыми воинами противостояло и неприступное расположение крепости. Армянские воины, частью находившиеся под прикрытием крепостных стен, частью же скрывавшиеся в густых лесах, покрывающих окрестные горы, предпринимали внезапные вылазки и наносили удары по персам. Хан Карадага, побежденный, потерявший большую часть своей армии, вернулся в Персию. На следующий год, собрав еще большее войско, он предпринял новый поход; Панах-хан вновь присоединился к нему, но усилия обоих остались втуне, и мелик Есаи вышел победителем.

Панах-хан на протяжении семи лет продолжал сражаться с меликом Есаи Мелик-Аваняном, пока не понял, что покорить его не удастся, смирился и решил одолеть его «мирными» средствами, что, как мы увидим далее, и удалось коварному хану...

XI

Панах-хан после нескольких неудачных попыток наконец убедился, что для того, чтобы нарушить единство меликов Карабаха и занять прочную позицию в Карабахе, необходимо привлечь на свою сторону хотя бы одного из меликов. Одно трагическое происшествие позволило ему исполнить свое намерение.

---

[64] Следует учесть, что Карадаг (часть древнего Пайтакарана) и Дизак — две соседние провинции, разделенные лишь рекой Ерасх.

Как было сказано выше, Надир-шах после провозглашения себя царем в Муганской степи подтвердил владетельные права пяти меликов, предоставив им их исконные родовые права. Но в тот же год (1736) умер князь Варанды мелик Хусейн Мелик-Шахназарян, жена которого руководила избиением османов в селе Аветараноц. Вместо мелика Хусейна Варандой стал управлять его родственник мелик Мирза-бекII [65]. Своей дерзкой непокорностью он вызвал недовольство шаха, и шах велел казнить его. Вместо мелика Мирза-бека II шах назначил меликом Варанды мелика Овсепа, сына мелика Хусейна. Этот мелик Овсеп, которого персы называли Хусейн, был человеком исключительно кроткого нрава, большим любителем книг, но хромым на одну ногу и невысокого роста. У него был брат, который, наоборот, отличался привлекательной внешностью и крайним тщеславием. Это был мелик Шахназар II [66], погубитель Карабаха...

В своей семейной жизни мелик Шахназар II был глубоко безнравственным человеком. Следуя обычаю персов, он заполнил свой дом многочисленными наложницами. Кроме них, у него была законная жена Тагум (Тагуи), из дома князей Хачена Хасан-Джалалянов. После смерти Тагум мелик Шахназар силой отнял у живого мужа красавицу-жену Сона (дочь князя Дизака мелика Есаи) и обвенчался с ней. Еще при жизни Сона мелик Шахназар женился на дочери родного брата своей покойной жены Тагум Малаик и тем самым утвердил в своей семье мусульманское многоженство. Подобное поведение мелика глубоко оскорбляло религиозное чувство народа и сделало его ненавистным для других меликов. А совершенное им новое злодеяние вызвало всеобщее желание отомстить ему.

Мелик Шахназар был человеком тщеславным, дерзким и злопамятным. Он не мог стерпеть того обстоятельства, что Варандой правил его брат мелик Овсеп, хотя тот и был назначен Надир-шахом. Однажды ночью, напав на дом мелика Овсепа, он своей рукой убил брата и приказал уничтожить всю его семью. От резни сумели спасти лишь

---

[65] Мелик Мирза-бек II был сыном мелика Баги, а последний был сыном брата мелика Хусейна — мелика Мирза-бека I.

[66] Мелик Овсеп и мелик Шахназар были сводными братьями. Последний был сыном мелика Аван-хана и Анны-хатун, сестры князя Дизака мелика Аван-хана. А мелик Шахназар был сыном Зохры-ханум, дочери хана Нахичевана, турчанки по происхождению. Мелик Хусейн привез ее как пленницу из Нахичевана и затем женился на ней.

одного ребенка — маленького Саи-бека, которого няня тайно переправила в Хачен, к мелику Алахверди Хасан-Джалаляну, брату матери ребенка[67].

Убив брата, мелик Шахназар стал правителем Варанды. Но его злодеяние вызвало страшный гнев четырех других меликов Карабаха. Они объединились, чтобы отомстить мелику Шахназару. Это были: мелик Гюлястана Овсеп Мелик-Бегларян, мелик Джраберда Алахкули-султан Мелик-Исраелян, мелик Хачена Алахверди и мелик Дизака Есаи Мелик-Аванян. Эти четыре мелика со своими отрядами направились в Варанду. Мелик Шахназар укрепился в крепости Аветараноц. Осада длилась долго, но до наступления зимы крепость не была взята. И, разграбив большую часть деревень Варанды, мелики разошлись по домам, условившись следующей весной вновь предпринять поход на крепость Аветараноц.

Панах-хан достиг своей цели. Среди меликов Карабаха началась междоусобная война, и он поспешил извлечь выгоду из этих обстоятельств.

Мелик Шахназар хоть и был человеком дерзким и бесстрашным, но хорошо понимал, что не сможет противостоять объединенным силам четырех меликов. Поэтому он с огромным беспокойством ожидал весеннего похода. Ему необходим был союзник, помощник, и он протянул руку заклятому врагу своей страны — джеванширскому бандиту...

Мелики, узнав, что мелик Шахназар объединился с Панах-ханом, еще более разгневались, ибо злонамеренные замыслы последнего — уничтожить армянские княжества Карабаха — были известны всем.

Панах-хан, со своей стороны, был рад, что единство меликов нарушено и один из них, причем самый знатный, перешел на его сторону. Он давно уже намеревался проникнуть в неприступное сердце Карабаха и основать в каком-либо удобном месте крепость. Его крепости в Баяте и Аскеране, как мы знаем, мелики уничтожили.

«Ваше Чанахчи, с точки зрения обороны, расположено весьма ненадежно, — сказал Панах-хан мелику Шахназару. — Надо искать более

---

[67] Крепость Аветараноц (Чанахчи) множество раз становилась ареной кровавых событий. Мы рассказали об избиении османов, совершившемся в этой крепости в дни правления мелика Хусейна-старшего. 20 августа 1723 года капанский князь Канлу-Шабан, армянин по происхождению, с 300 всадниками приезжает в крепость Аветараноц в гости к мелику Мирза-беку (сыну мелика Баги). Несмотря на то, что Мирза-бек давно уже враждовал с Канлу-Шабаном, он приветливо принял его у себя дома, а свиту его разместил в домах своих крестьян. Крестьянам был отдан приказ: как только ночью они услышат звук выстрела в доме мелика, каждый из них должен убить своего постояльца. Таким образом в течение ночи были истреблены все 300 всадников с их князем. Это был тот самый Мирза-бек, который приказал обезглавить Надир-шах.

удобную позицию, и я знаю одно подходящее место, где можно возвести крепость, в которой мы будем чувствовать себя в полной безопасности...»

Панах-хан указал одно место в Варанде, около реки Каркар, которое было владением мелика Шахназара и которое сама природа как бы предназначила для возведения там неприступной крепости. Союзники начали сооружение цитадели. Мелик Шахназар собственной рукой заложил первый камень в основание крепости, ставшей могилой как для него самого, так и для остальных меликств Карабаха [68]...

С одной стороны, продвигая сооружение крепости, а с другой — ведя войну против меликов, союзники вскоре завершили строительство (1762) и, переселив в нее армянское население расположенного неподалеку поселка Шош, назвали ее Шоши, или Шуши.

Панах-хан, проникнув в самое сердце Карабаха, с помощью своего союзника мелика Шахназара не только сумел защититься от нападений других армянских меликов, но и распространил свою власть на те тюркские племена, которые ранее не подчинялись ему.

Так как сам Панах-хан был выходцем из довольно незначительного и низкого племени, какими были сарыджаллыйцы, то представители более могущественных и знатных племен (джеванширцы, кабирлинцы, отузики) относились к нему с пренебрежением. Их патриархальные обычаи не позволяли им повиноваться приказам узурпатора, носившего персидский титул хан. Но с помощью мелика Шахназара ему удалось подчинить их своей воле.

Однако он пока не предпринимал решительных шагов против армянских меликов, стремясь разъединить их, посеять между ними смуту и постепенно ослабить их силы.

Начал он с меликства Хачен, которое находилось ближе всех к крепости Шуши. Им с древнейших времен правил род князей Хасан-Джалалянов. В продолжение веков они настолько умножились, что княжество Хачен было разделено на множество мелких кусочков,

---

[68] Крепость Шоши еще задолго до появления Панаха являлась одной из надежных твердынь самообороны меликства Варанды и всего края. В начале XVIII века, во время освободительных войн против персов и турок, именно здесь были сосредоточены основные силы армянских войск и именно отсюда руководили борьбой сотник Аван и другие военачальники В документах тех лет она называлась «Большой сыгнах» (сыгнах — крепость), Крепость Шоша, Кар (крепость), Каралух и т д (см «Армяно-русские отношения в XVIII веке, т II, ч I, Ереван, 1964, с XI-XLIII).
Таким образом, Панах и Шахназар лишь укрепили уже существовавшую крепость Шоши, названную так по имени расположенной поблизости деревни Шош, в которой и поселился пришлый захватчик.

управляемых представителями этого рода, отношения между которыми, естественно, не были слишком дружественными. Панах-хан решил, последовательно уничтожая их, создать здесь новое меликство. Опорой ему в этом деле стал мелик Шахназар.

Мы знаем, что, когда мелик Шахназар убил своего брата мелика Овсепа и силой завладел княжеством Варанда, один из детей покойного, спасенный своей кормилицей, был спрятан в доме его дяди в Хачене. Дядей ребенка был мелик Алахверди Хасан-Джалалян. Понимая, что со временем, ребенок подрастет и с помощью своих дядей отомстит ему за убийство отца, мелик Шахназар решил уничтожить как ребенка, так и его дядей. Тщеславный мелик преследовал свои цели, однако его интересы совпадали с интересами Панах-хана, так как он намеревался после уничтожения меликства Хачен взять власть над княжеством в свои руки. Мелик Алахверди жил в собственной крепости, которая по имени одного из его предков называлась крепостью Улу-папа[69]. Он был известен как храбрый и непобедимый воин. Когда Панах-хан, объединившись с меликом Шахназаром, выступил против него, мелик Алахверди учинил им такой разгром, что оба союзника едва сумели спастись, скрывшись в крепости Шуши.

После этого Панах-хан, по совету мелика Шахназара, тайно призвал к себе танутэра села Хндзристан Мирзахана, назначенного меликом Алахверди старостой того же села. Хан, зная о честолюбивых устремлениях старосты обещал ему, что, если он сумеет каким-либо образом захватить мелика Алахверди и передать в его руки, то будет назначен меликом всего Хачена.

Мирзахан, соблазнившись предложением хана, сообщил мелику Алахверди, что он якобы получил известие о том, что Панах-хан готовится напасть на него с еще большими силами, и поскольку его собственная крепость не столь надежна, то он советует мелику укрыться в крепости Качахакаберд, расположенной в неприступном месте. Мирзахан, как подчиненный и официальное должностное лицо, выразил готовность всячески помогать князю, добавив при этом, что им уже заготовлены в крепости Качахакаберд припасы на случай многомесячной осады. Он пригласил князя к себе, чтобы вместе отправиться в Качахакаберд, расположенный невдалеке от Хндзристана. Но в ту же ночь, во время ужина, изменник вышел из комнаты и запер за собой дверь, оставив князя в одиночестве. Предварительно спрятавшиеся в доме люди Панах-хана и мелика Шахназара тут же напали и схватили князя. Панах-хан предал его

---

[69] Крепость Улу-папа расположена у реки Хачен, в деревне Карамеч, или Орахач, возле часовни св. Геворга Пткеса. Эту цитадель тюрки называют Баллу-Кая.

в руки палачей, которые обезглавили мелика и вырезали всю его семью. А мелик Шахназар приказал убить своего племянника, маленького Саи-бека, скрывавшегося в этой семье. Злодей, руки которого уже были запятнаны кровью брата, теперь обагрил их кровью несчастного ребенка...

Панах-хан исполнил свое обещание: отступник Мирзахан был назначен меликом Хачена (1755), и с того дня правление князей Хасан-Джалалянов завершилось. И сам мелик Мирзахан, и его потомки (мелик Алахверди[70*] и мелик Каграман) верно служили ханам Шуши и, выступая против союза меликов, принесли неисчислимые бедствия армянским княжествам Карабаха.

Итак, два из пяти меликств Карабаха — Варанда и Хачен — перешли на сторону Панах-хана.

XII

Оставались три меликства — Гюлистан, Джраберд и Дизак.

В Гюлистане правил мелик Овсеп Мелик-Бегларян, в Джраберде — Алахкули-султан Мелик-Исраелян, а в Дизаке — мелик Есаи Мелик-Аванян.

Видя, что, с одной стороны, мелик Шахназар уступил свою крепость Шуши Панах-хану и стал его преданным союзником, а с другой — в Хачене образовалось новое меликство, также союзное мусульманскому хану, упомянутые три мелика не только не пали духом, но начали объединенными силами вести жестокие войны против Панах-хана и его армянских союзников. Эти кровавые войны, как увидим далее, продолжались около двадцати лет и нанесли невосполнимый ущерб Карабаху.

В итоге Панах-хан, оказавшись в безвыходном положении, начал искать мира с Алахкули-султаном, меликом Овсепом и меликом Есаи. Мирные переговоры должны были проходить не в крепости Шуши, а в нейтральном месте — в монастыре Амарас. Алахкули-султан был послан в Амарасский монастырь в качестве представителя союзных армянских меликов. Туда же прибыл Панах-хан с верным ему меликом Шахназаром.

В это же время в тот же монастырь на встречу с Панах-ханом приезжает нахичеванский Гейдар-Кули-хан. Когда его ввели к Панах-хану, у того находился представитель армянских меликов Алахкули-султан. Увидев роскошно одетого, могучего султана, хан Нахичевана

---

[70] Этого мелика Алахверди не следует путать с меликом Алахверди Хасан Джалаляном.

растерялся и, предполагая, что этот красавец-мужчина и есть Панах-хан, приветствовал его, склонив перед ним голову. Но когда ему указали на его ошибку, он напомнил Панах-хану слова замечательного персидского поэта Саади: «Десять дервишей могут поместиться на одной циновке, но два царя не могут жить в согласии в одной стране...»

Этими словами коварный нахичеванец дал понять Панах-хану, что он не может чувствовать себя в безопасности, пока в Карабахе правят подобные армянские мелики. И Панах-хан изменил своему слрву: он арестовал Алахкули-султана, заключил его в крепость Шуши и через несколько дней казнил (1756). Так поступил он со своим благодетелем, которому он служил прежде и который спас его от рук палачей Надир-шаха...

Это событие, подлинность которого не отрицают и персидские историки, в народной памяти обрело легендарную окраску. И сегодня в Карабахе помнятся песни, которые пел брошенный в темницу богатырь. В них он обращается к своему храброму брату мелику Атаму, к своему непобедимому боевому соратнику Дали-Махрасе, призывает их разрушить Шуши, смешать с кровью ее пепел и землю, освободить его из темницы. Но никто из них не отозвался, на призыв богатыря откликнулась лишь любимая женщина, красивейшая в гареме Панах-хана. Ночью, когда заключенному передавали еду, она сумела спрятать в плове ключи от тюрьмы и его ножных кандалов, чтобы он отомкнул их и бежал. Но исполин ответил, что армянские смельчаки не привыкли спасаться бегством и что если бы он захотел совершить побег, то для этого ему ключи не нужны. И он, могучей рукой разбив цепи, наполнил ими поднос от плова и вернул обратно со словами: «Предательство будет наказано... моя кровь не останется неотомщенной...»

После трагической смерти Алахкули-султана, правление меликством Джраберд перешло в руки его младшего брата мелика Атама. Он во всем походил на своего брата. Находясь с детских лет в качестве заложника в Дагестане у Хосров-султана, мелик Атам перенял множество героических качеств местных горцев. Его освободил Надир-шах во время своего похода в Дагестан.

Лишив Джраберд его могущественного князя, Панах-хан посчитал, что силы армянских меликов окончательно подорваны, и написал мелику Гюлистана Овсепу наглое письмо, призывая его подчиниться ему. Сын мелика Овсепа мелик Беглар II, крайне гордый и вспыльчивый юноша, не позволил отцу ответить Панах-хану, заявив, что ответ даст он сам. Занеся меч над головой ханского посланника, он заставил его проглотить привезенное письмо. И когда несчастный проглотил последкий клочок бумаги, юноша сказал ему: «Теперь возвращайся, и пусть результат того, что ты съел здесь, будет ответом Панах-хану...»[71]

После этих событий война между Панах-ханом и меликами-союзниками еще более ожесточилась. Мелик Варанды Шахназар и мелик Хачена Мирзахан оставались, как и прежде, верны заклятому врагу армян, помогая ему не только своими советами, но часто и войсками. Но несмотря на это, остальные мелики (мелик Гюлистана Овсеп, мелик Джраберда Атам и мелик Дизака Есаи) постоянно теснили Панах-хана, а его крепость Шуши держали в непрерывной осаде.

До сих пор в народе Карабаха рассказывается о том, как Тюли-Арзуман, Дали-Махраса и Чалаган-юзбаши целых семь лет не позволяли ни одному тюрку пройти через Мази камурдж[72] в Джраберд и Гюлистан. Память о трех упомянутых героях жива в народе и сегодня. Необходимо ознакомить с ними и наших читателей.

Дали-Махраса на турецком означает «сумасшедший священник». И действительно, этот человек был священником, членом братии монастыря Егишэ Аракял в Джраберде. Каждый паломник и сегодня может увидеть высокую башню этого монастыря, в которой, уединившись от молящейся монастырской братии, обитал «сумасшедший». Его подлинное имя было вардапет Аваг, но народ называл его «дали» (сумасшедший). Так же называли на Востоке героя шестнадцатого века Кёр-оглы и его храбрых соратников (дали Кёр-оглы).

Дэли-Махраса был армянским Кёр-оглы Карабаха; народ будет вечно помнить те чудеса храбрости, которые он проявлял в сражениях. Когда он вскакивал на своего серого коня и, подобно молнии, врывался на поле битвы, одного его громогласного ужасающего голоса было достаточно, чтобы навести страх на врага. Фанатизм церкви покарал «сумасшедшего священника» за кровопролитие. В дни католикоса Симеона его увезли в Эчмиадзин и заперли в холодном подвале, дабы он раскаялся. Однажды, сидя в своей темнице, он услышал какой-то шум и понял, что в храме что-то происходит. На его вопрос ответили, что курды из рода Джалали угнали скот, принадлежащий монастырю, а сейчас собираются грабить храм.

---

[71]Этот исторический факт приведен и в 9-й главе второй части «Карабагского астролога» («Карабагский астролог, или Основание крепости Шуши в 1752 г оду Исторический закавказский роман. Сочинение Платона Зубова» М , 1834.).

[72] Мази камурдж — мост через реку Каркар у крепости Шуши. Мост Мази (Мази Камурдж) — построен в первой четверти XVIII в. по предложению Авана-юзбаши. Имеет высоту — 35 и, ширину — 7 м, расстояние же между стоями моста составляет 5,0 м. Толщина арочного пролета совсем небольшая, поэтому в народе мост называется Мази (от арм. маз — волас).

— Можете дать мне коня и оружие? — спросил кающийся.

Когда его просьба была выполнена, он вскочил на коня и бросился в погоню за джалалами. Вернулся он через несколько часов, возвратив всю захваченную курдами добычу. После этого случая его освободили, взяв с него слово, что он не будет убивать людей. Но Дали-Махраса не выполнил своего обещания: убивать врагов родины он не считал грехом и продолжал участвовать во всех войнах меликов. Однажды у города Гандзак завязался бой с лезгинами, продолжавшийся до глубокой ночи. Уставший от боя, он присел на могильную плиту передохнуть. Все пространство вокруг него было усеяно трупами врагов, павших от его руки. Вдруг один из раненых лезгинов поднял ружье и выстрелил. Герой был похоронен в притворе главной церкви Гандзака.

Перейдем к Тюли-Арзуману.

«Тюли» по-турецки означает разбойник, но не мелкий разбойник, который по ночам скрытно проникает в дома спящих горожан и обворовывает их. Тюли действует совершенно открыто: он среди бела дня грабит караваны, города и села. Таков был и Арзуман. Он был сыном пастуха отца мелика Атама (мелика Исраела), в детстве пас овец, а затем стал одним из лучших военачальников мелика Атама.

Панах-хан столько претерпел от Тюли-Арзумана, что однажды обманом захватил его отца — Саргиса — и увез в крепость Шуши в качестве заложника. Как-то хан сказал Саргису:

— Передай своему сыну, чтобы прекратил свои злодеяния. Он опустошил весь Карабах, люди не могут пользоваться мостом Мази.

— У меня нет сына по имени Арзуман, — хладнокровно отвечал старик.

— Как это нет? — разозлившись, спросил хан. — Разве этот кровожадный Арзуман, разоряющий мою страну, поджигающий дома моих крестьян, не дающий мне ни секунды покоя, разве этот разбойник не твой сын?

— Да, не мой сын, — отвечал с горечью старик. — Если бы он был моим сыном, ты сегодня не был бы жив и руины твоей крепости стали бы твоей могилой.

Хан приказал тут же казнить дерзкого старика. А Арзуман был убит во время осады Гандзака, о чем подробнее будет рассказано ниже.

История Чалагана-юзбаши коротка. Она заключена в прозвище, которое дал ему народ. В буквальном переводе оно означает сотник-похититель, или сотник-грабитель. И действительно, это был скорее разбойник, чем воин. И сегодня в провинции Джраберд, недалеко от монастыря Ерек Манкунк, в узком ущелье, с обеих сторон которого возвышаются огромные лесистые горы, на берегу реки Трхи показывают

50

развалины старинной крепости. Здесь жил «сотник-грабитель». Его подлинное имя неизвестно, народ назвал героя по его ремеслу. Неизвестно и то, каков был конец этого героя. Рассказывают только, что он был в числе тех, кто неустанно обращался к русскому двору и просил помощи для спасения своей родины. Когда он убедился, что дипломатией делу не поможешь, начал действовать оружием.

XIII

Армянские мелики-союзники решили, что окончательно покончить с Панах-ханом и наказать дружественных ему армянских меликов (мелика Шахназара и мелика Мирзахана) они смогут только с помощью извне.

Когда в Карабахе появился Фатх Али Афшар (1761), мелик Полистана Овсеп и мелик Джраберда Атам примкнули к нему. Этот Фатх Али-хан был одним из любимцев и храбрых полководцев Надир-шаха. После смерти шаха Фатх Али-хан покорил весь Атрпатакан и двинулся походом в Карабах. Соединившись с армянскими меликами, он осадил крепость Шуши. Панах-хан и мелик Шахназар какое-то время храбро сопротивлялись, но затем вынуждены были сдаться. Но Фатх Али-хан нарушил договор, который заключил с помогавшими ему меликами — Атамом и Овсепом. Суть этого договора заключалась в том, что Фатх Али-хан[73]* должен был удовлетвориться разграблением крепости Шуши, а Панах-хана предать в руки мелика Атама и мелика Овсепа, и они могли поступить с ним так, как считали нужным. Но Фатх Али-хан, получив от Панах-хана десять тысяч туманов и взяв заложником его юного сына Ибрагим-агу, возвратился в Персию.

Панах-хан долго не мог забыть этого поражения: он понимал, что без помощи армянских меликов персидский хан не смог бы захватить его крепость и взять в плен его сына. Это событие еще более возбудило ненависть Панах-хана к союзным меликам и стало поводом для новых сражений.

Армянским меликам-союзникам нужны были новые силы. Следует иметь в виду, что географическое расположение карабахских меликств было таково, что им трудно было объединиться и выступить совместно против общего врага. Как нам известно, это были мелики Гюлистана, Джраберда и Дизака. Полистан и Джраберд граничили друг с другом и

---

[73] Это тот самый Фатх Али Афшар, который разграбил Татевский монастырь, часть его превратил в руины и приказал убить настоятеля Татевского монастыря епископа Ованеса (1762).

поэтому могли объединить свои силы, а Дизак был географически обособлен от этих двух меликств. Между этими двумя меликствами и Дизаком находились меликство Хачен, крепость Шуши и меликство Варанда, связанные с Панах-ханом. Таким образом враг проник в сердцевину союзников, и мелики Гюлистана и Джраберда не могли получить существенной помощи от мелика Дизака Есаи.

Мелик Гюлистана Овсеп и мелик Джраберда Атам обращаются к отцу грузинского царя Ираклия Теймуразу и предлагают объединиться с ними в борьбе против Панах-хана, обещают, что и они, со своей стороны, готовы при необходимости помогать грузинскому царю и быть ему верными союзниками. Теймураз принимает предложение армянских меликов, тем более, что его отношения с Панах-ханом также были враждебными. Он собирает огромную пеструю толпу грузин, осетин, хевсуров и других горцев и движется в сторону Карабаха (1762). Мелик Атам и мелик Овсеп со своими войсками присоединяются к нему. У развалин Аскерана [74] располагается лагерь, армянские мелики обеспечивают своих союзников всем необходимым.

Панах-хан также не теряет времени: он укрепляет крепость Шуши и призывает на помощь своих верных союзников — мелика Шахназара и мелика Мирзахана, которые со своими силами присоединяются к нему.

Сражение состоялось на берегу реки Каркар, недалеко от Аскерана. Армия Панах-хана потерпела поражение, а сам он пытался спастись в Персии. Но два храбреца — Дали-Махраса (вардапет Аваг) и Тюли-Арзуман, схватив беглеца на Худапиринском мосту [75], возвратили его назад.

Мелик Шахназар после поражения сбежал и укрепился в своей крепости Аветараноц; там же нашел прибежище и мелик Мирзахан. Объединенные грузинские и армянские силы осадили крепость Аветараноц и после нескольких дней осады овладели ею. Мелик Шахназар и мелик Мирзахан попали в плен; крепость Аветараноц была обращена в руины; владения обоих меликов и Панах-хана подверглись полному разграблению.

После всего этого Теймураз, передав власть в этих княжествах мелику Атаму и мелику Овсепу, намеревался вернуться в Грузию, взяв с собой Панах-хана, мелика Шахназара и мелика Мирзахана. Однако мелики-союзники, в соответствии с предварительной договоренностью с Теимуразом, требуют, чтобы он передал им Панах-хана и упомянутых меликов, а сам удовлетворился военной добычей. Теймураз пытался обмануть своих союзников так же, как обманул их Фатх Али Афшар. Он не

---

[74] Развалины Аскерана находятся не более чем в 30 верстах от крепости Шуши.

[75] На реке Ерасх.

отвергал категорически требование мелика Атама и мелика Овсепа, но под различными предлогами затягивал его исполнение до тех пор, пока со своим войском и пленниками не покинул пределов Карабаха.

Мелик Атам и мелик Овсеп поняли, что алчный грузинский царь намеревается получить огромный выкуп за Панах-хана и его меликов, а затем отпустить их. Это обстоятельство вызвало острые разногласия, армяно-грузинский союз распался, а мелик Атам и мелик Овсеп, оскорбленные, покинули Теймураза.

Но мелик Атам и мелик Овсеп были не из тех людей, которые оставляют обманщика безнаказанным. Они тут же обратились к правителю Ширвана Хаджи Челеби[76]* с предложением объединиться для борьбы против грузинского царя. Хаджи Челеби состоял в дружественных отношениях с армянскими меликами (мы знаем, что еще за несколько лет до описываемых событий он вместе с меликом Атамом и меликом Овсепом разрушили крепость Аскеран), он люто ненавидел грузин, и поэтому с радостью принял предложение мелика Атама и мелика Овсепа.

До того, как Хаджи Челеби переправился через Куру и примкнул к армянским меликам, произошло важное событие. Армия грузинского царя Теймураза, проходя через Гандзак, грабила все встречавшиеся на пути деревни. Против него выступил местный правитель Шахверди-хан, и между ними развернулось ожесточенное сражение. Шахверди-хан был взят в плен. В это время подоспели Хаджи Челеби и армянские мелики. После недолгой схватки, происшедшей в месте, называемом Шейх Низами, грузины были разбиты и, бросив всю свою добычу, бежали в Тифлис. Войска армян и Хаджи Челеби преследовали их до моста Сыных, проникли в провинции Казах и Шамшадин, и, грабя все по пути, возвратились назад.

---

[76] Хаджи Челеби был армянином по происхождению. В конце XVII века в провинции Кабала Ширвана, в деревне Согутлу, жил священник по имени Барсег, которого тюрки называли «кара-кешиш» (черный священник). Он был выходцем из карабахской провинции Хачен, принадлежал к роду местных меликов. «Черный священник», обуреваемый княжеским честолюбием, обратился к шаху в Исфахан и получил фирман на меликство. Но в деревне Куткашен той же провинции Кабала у него был соперник по имени мелик Мухаммед, который не позволил «Черному священнику» использовать полученный фирман. Этот мелик Мухаммед, вероятно, был армянином, но принявшим мусульманство. «Черный священник» также принял мусульманство, дабы воспользоваться данным ему фирманом. Но соперник оказался более удачливым, и вероотступничество священника ничего не дало ему. Сын «Черного священника» — Касаб-Курбанали, был простым мясоторговцем: от этого простого торговца родился Хаджи Челеби, ставший родоначальником могущественных ханов Ширвана.

Но то главное, к чему стремились армянские мелики, к сожалению, не осуществилось. Они не смогли заполучить ни Панах-хана, ни мелика Шахназара, ни мелика Мирзахана, ибо еще до их прихода Теймураз, получив от этих пленников большой выкуп, отпустил их. Армянские мелики смогли только освободить гандзакского Шахверди-хана, и это обстоятельство обернулось впоследствии значительными выгодами, ибо, как мы увидим далее, между ханами Гандзака и армянскими меликами сложились тесные дружественные отношения. Крепость Гандзака стала для армянских меликов и их потомков надежным убежищем, здесь они укрывались при любой опасности.

XIV

Гандзакский Шахверди-хан[77], помимо вышеупомянутых причин, уже давно был обязан мелику Атаму и был его хорошим другом. Когда умер отец Шахверди-хана, его брат, Мамад-хан, хотел убить его и завладеть Гандзакским ханством. Но Шахверди-хан бежал в Джраберд к мелдику Атаму и тем самым сохранил себе жизнь. Позже мелик Атам в сопровождении своего войска доставил Шахверди-хана обратно в Гандзак и там, приказав задушить Мамад-хана, передал ему управление отцовским княжеством. Этой услуги не забыл Шахверди-хан, не забыл и его сын Джавад-хан, который, как мы увидим в продолжении нашей истории, не раз помогал преемнику мелика Атама мелику Межлуму.

А мелик Овсеп, как известно нашим читателям, приходился родственником Шахверди-хану по материнской линии. Мать мелика Овсепа Камар-солтан была дочерью брата Шахверди-хана, принявшей христианство. Ее историю мы рассказали в начале нашего повествования.

После сражений с Теймуразом мелик Атам и мелик Овсеп на некоторое время задержались в Гандзаке. Они были гостями Шахверди-хана. Это был добросердечный человек, какими были вообще ханы Гандзака. По происхождению он был не тюрок, а перс, а персы относились к христианам более благожелательно, чем дикие монгольские тюрки. Шахверди-хан занимал более почетное положение и имел больший авторитет, чем ханы сопредельных ему или отдаленных ханств (например, ханы Шеки, Ширвана, Шуши, Дербента, Баку и т. д.), персидский двор признал его беглербегом, то есть ханом над ханами.

Шахверди-хан задумал примирить мелика Атама и мелика Овсепа с Панах-ханом. Непрерывные двадцатилетние войны, принесшие столько

---

[77] Шахверди-хан — сын Угурлу-хана.

жертв и несчастий, обессилили обе стороны. Народ устал от бесконечных сражений и желал мира. Поэтому мелик Атам и мелик Овсеп с удовлетворением приняли предложение Шахверди-хана. Основные условия перемирия состояли в том, чтобы Панах-хан оставался правителем Шушинской крепости, но без права вмешиваться в дела меликов и их подданных; решение о войнах с внешними врагами должно приниматься при всеобщем согласии; Панах-хан не имеет права самостоятельно вступать в войну с кем бы то ни было; налоги, собираемые в армянских меликствах, должны употребляться для местных нужд; Панах-хан не должен пытаться расширять свои владения в Карабахе и т. д.

Пока был жив Панах-хан, этот договор сохранял свою силу. После смерти же Панах-хана его сын Ибрагим-хан некоторое время следовал примеру отца, но затем отказался от подписанного отцом договора, и обстоятельства переменились...

Необходимо сказать несколько слов о смерти Панах-хана.

Мы знаем, что Фатх Али Афшар, объединившись с армянскими меликами, воевал против Панах-хана и, победив его, забрал его сына Ибрагим-агу с собой в Персию заложником. Этот Фатх Али-хан впоследствии воевал с Аскар-ханом (братом Карим-хана Зенда) и убил его. Когда Карим-хан усилился и покорил многие области Персии, он решил отомстить Фатх Али-хану за убийство брата. Возвращаясь из Шираза, он осадил крепость Фатх Али-хана Урмию (1762) и, схватив его, отправил в Шираз. Тогда же Карим-хан освободил сына Панах-хана Ибрагим-агу, содержащегося в той же крепости, и также взял с собой в Шираз.

Панах-хан, прослышав об этом, с богатыми дарами отправился в Персию к Карим-хану, надеясь получить своего сына. Два года он оставался в Ширазе, но, видя, что сына не возвращают и его самого не отпускают, затеял с присущей ему хитростью игру, чтобы спастись хотя бы самому. Так как Карим-хан, считавший себя правителем всей Персии, не хотел ради мира в стране отпускать возмутителя спокойствия в Карабахе, Панах-хан притворился мертвым и был положен в гроб. Люди Панах-хана, обратившись к Карим-хану, попросили разрешить исполнить волю покойного — отвезти его тело на родину и похоронить там. Карим-хан разгадал хитрость. «Я должен, — сказал он, — с честью похоронить усопшего... И чтобы тело в пути не провоняло, надо бальзамировать его».

По приказу Карим-хана палачи выпотрошили внутренности живого покойника, как обычно делается при бальзамировании трупов, а затем вручили его людям со словами: «Теперь можете везти». Тело Панах-хана было перевезено в Карабах.

Такой смертью умер Панах-хан (1763). После этого Карим-хан, предполагая, что сын будет служить Персии более преданно, чем его коварный отец, пожаловал ему титул хана и послал в Карабах. Ибрагим-ага стал Ибрагим-ханом и сменил своего отца.

XV

Ибрагим-хан вначале соблюдал условия договора, заключенного отцом с армянскими меликами, ибо был слаб и не чувствовал себя уверенно на новом месте. Но затем некоторые обстоятельства способствовали его усилению и он начал применять по отношению к армянским меликам силу.

Одно из этих обстоятельств заключалось в том, что мелик Варанды Шахназар — изменник, который передал свою крепость Шуши Панах-хану и тем самым наделил его силой и мощью, который возвысил простого джеваншировского пастуха, ставшего причиной падения армянских княжеств, — теперь тот же мелик Шахназар, после смерти Панах-хана, чтобы сохранить дружбу с его сыном, совершил новый постыдный поступок. Он отдал свою дочь, красавицу Хюри-зат, в жены Ибрагим-хану. Этот поступок мелика Шахназара вызвал резкое осуждение других армянских меликов, особенно мелика Дизака Есаи, так как Хюри-зат приходилась ему внучкой[78].

Это решение мелика Шахназара явилось поводом для ожесточенных войн между ним и меликом Есаи, продолжавшихся несколько лет. Мелик Шахназар, объединившись с меликом Мирзаханом, непрерывно атаковал крепость мелика Есаи Тох. В одном из сражений мелик Мирзахан был взят в плен. Мелик Есаи[79], занеся меч над его головой, сказал следующие слова: «Ты, Мирзахан, очень похож на того предателя, которого звали Меружан. Он изменил нашей вере, стал орудием в руках персов и начал разорять нашу страну. Ему в качестве платы за совершенные злодеяния была обещана корона Армении. В одном из боев он, как и ты, был взят в плен армянами. Один из армянских полководцев, которого звали Смбат Багратуни, придал раскаленному в огне вертелу форму короны и, возложив ему на голову, сказал: «Венчаю тебя, Меружан: ты искал армянской короны, и мне, аспету-тагадиру, по обычному наследственному нашему праву, надлежит возложить на тебя корону»[80].

---

[78] У мелика Шахназара было несколько жен; одна из них — Сона — была матерью Хюри-зат и дочерью мелика Есаи.

[79] Мелик Есаи был образованным человеком и обладал глубокими познаниями в армянской, персидской и арабской литературах.

[80] Описанный эпизод приведен в «Истории Армении» Мовсеса Хоренаци. См. «История Армении Моисея Хоренского». Перевод И. Эмина. М., 1893, с 175.

Но у тебя, Мирзахан, нет даже честолюбия Меружана, ты лишь низкий предатель, ставший ради ничтожной славы приспешником тюркского хана и злодея мелика Шахназара. С тобой следует поступить как с бешеной собакой, которую убивают, чтобы другие животные не взбесились от ее укусов...». С последними словами он вонзил меч в сердце изменника (1775).

Вместо мелика Мирзахана правителем Хачена Ибрагим-хан назначил его сына мелика Алахверди, который, подобно отцу, сохранял верность тюркскому хану. Война между меликами приняла еще более ожесточенный характер, и поскольку причиной войны была Хюри-зат, Ибрагим-хан также ввязался в нее, конечно, на стороне мелика Шахназара.

Мелик Есаи вынужден был в одиночку сражаться против трех своих врагов — Ибрагим-хана, мелика Шахназара и мелика Алахверди. Его могущественных союзников уже не было. Далее мы увидим, что мелик Гюлистана Овсеп Мелик-Бегларян к этому времени скончался (1775), а его сын, мелик Абов III, больше занимался управлением своей страны, чем войнами. Спустя пять лет после смерти мелика Овсепа, в 1780 году, умер и мелик Джраберда Атам Мелик-Исраелян, которого так боялся Ибрагим-хан. Ему наследовал сын — мелик Межлум. Этому юноше были присущи и мужество, и патриотизм отца. Но будучи человеком несдержанным и вспыльчивым, он приказал казнить несколько именитых армян[81], что вызвало внутренние распри в его княжестве. Поэтому он и не имел возможности оказать помощь мелику Есаи.

В 1781 году Ибрагим-хан и два дружественных ему мелика осадили крепость мелика Есаи Тох. Он храбро защищался. Осада длилась долго. Затем хан, по совету мелика Шахназара, послал к нему священника и одного знатного армянина[82] с предложением выйти из крепости для переговоров. Они поклялись на кресте и Евангелии, и мелик поверил им. Ибрагим-хан приказал удавить его в темнице, все его имущество разграбить и дворец обратить в руины[83].

---

[81] Одним из них был Мисаел-бек из села Гюлатах, другим — его зять Акоп-юзбаши.

[82] Их имена не указаны в той рукописной истории, из которой мы заимствовали этот эпизод.

[83] Могила Есаи находится в усыпальнице церкви его крепости. На надгробии можно прочитать следующую надпись: «Это могила храброго князя, великого мелика Есаи. Он был назначен князем Надир-шахом. Тридцать три года правил он Дизакской страной и совершил много подвигов, одержал много побед над неверными. Он был смелее и благороднее своих предков. Жил он шестьдесят и шесть лет, скончался в лето 1230 (1781)».

После того как мелик Есаи пал жертвой коварства, ему наследовал сын его брата (мелика Атама) мелик Бахтам.

Ибрагим-хан женился во второй раз, и эта женитьба также способствовала усилению его могущества. Он взял в жены дочь аварского Омар-хана (Умаи-хана), которую звали Бика. Этот Омар-хан был сыном Нусхал-хана. Став зятем армянского князя Варанды, с одной стороны, и хана дагестанских горцев — с другой, Ибрагим-хан усиливался буквально с каждым днем. В любой тревожной для него ситуации он либо призывал помощь из Дагестана, либо, спасаясь, убегал к своему тестю.

Но не только родственные узы с меликом Шахназаром и Омар-ханом явились причиной усиления Ибрагим-хана. Были и другие причины, достойные не меньшего внимания.

XVI

В 1775 году, как уже упоминалось, в преклонном возрасте скончался мелик Гюлистана Овсеп Мелик-Бегларян. Карабахские мелики потеряли преданного родине и энергичного союзника. Умирая, мелик Овсеп завещал своему сыну сражаться до тех пор, пока Карабах не будет полностью очищен от мусульман.

Он оставил после себя двух сыновей: старшего звали Беглар, младшего — Абов. Отцу наследовал Беглар.

Это был мелик Беглар II, крайне честолюбивый, мужественный и воинственный юноша. Еще при жизни отца он принимал участие в его войнах и прославился замечательными успехами в сражениях.

Но этот непобедимый воин, проведший молодость в битвах, недолго правил своей страной. Однажды в схватке с лезгинами, происшедшей недалеко от Гандзака на берегу реки Горани, у одноименного села, он был сражен пулей.

О его смерти народ сложил такую легенду: в ту минуту, когда мелик собирался отправиться на войну, его мать, благочестивая Эрикназ, встав перед сыном и схватив его за руки, со слезами на глазах умоляла сына отказаться от его намерения, ибо она видела дурной сон и грустные предзнаменования терзали ее сердце... Жестокосердный сын не внял мольбам матери, грубо оттолкнул ее, вскочил на коня и ускакал. И не вернулся... Проклятие матери покарало его...

Но убийство мелика Беглара заключало в себе целый роман.

Мелик Беглар был женат на дочери мелика Варанды Шахназара — Амарнан (Мариам). Помимо законной жены, у него была возлюбленная по имени Бала.

И сегодня, когда путник, пройдя деревню Хархапут в Гюлистане, вступает в одноименное ущелье, с правой стороны дороги он может видеть старый сад. Лесные деревья, разросшись, перемешались с плодовыми и превратили сад в дикие заросли. Это место называется сад мелика Беглара. Здесь в специально построенном прекрасном загородном доме жила возлюбленная князя. Его развалины сохранились и поныне.

Поведение мужа не могло не возбудить ревности его законной жены Амарнан. Эта женщина, как было сказано выше, была дочерью мелика Варанды Шахназара. Подобно своему отцу, она была не разборчива в средствах и давно намеревалась отомстить Бала. Она выбрала именно ту ночь, когда муж ее готовился к сражению, а утром должен был отправиться на поле битвы. Подкупив одного из слуг, которого звали Лала, Амарнан послала его убить соперницу. Для убийства не было нужды в оружии, ибо, как рассказывают, косы красавицы были такой длины, что злодей обернул их вокруг шеи и задушил ее. Тело же было брошено в яму.

Утром перед битвой, когда мелик Беглар уже садился на коня, ему передали весть о том, что Бала убита. «Я знаю, как поступлю с убийцами, когда вернусь...» — сказал он и с тем отправился.

Суровость мелика Беглара была известна преступнику. Он понимал, что мелик сделает все, чтобы найти убийцу, и тогда казнят не только его самого, но и вырежут всю его семью. Страх заставил убийцу совершить новое, более тяжкое преступление. Он последовал за меликом в качестве одного из телохранителей на поле брани. В самый разгар сражения из кустов просвистела пуля и свалила мелика. Конечно, в суматохе никто не мог определить точно, была ли выпущена пуля из ружья какого-то лезгина или личного телохранителя мелика.

После смерти мелика Беглара II управление Гюлистаном, поскольку его сын Фрейдун был несовершеннолетним, перешло к брату убитого — Абову III. Этот Абов, подобно другим Абовам — его предшественникам, прославился как храбрый воин. В дни его правления, как мы увидим, произошли и самые счастливые, и самые трагичные для Карабаха события.

Итак, мелик Полистана Овсеп умер; его сын, мелик Беглар, был убит; мелик Дизака Есаи стал жертвой коварства Ибрагим-хана; мелик Джраберда Атам умер. Знаменитые, умудренные мужи ушли, осталась горячая, вспыльчивая, несдержанная молодежь...

Ибрагим-хан из всех меликов более всего опасался мелика Джраберда Межлума Мелик-Исраеляна. Этот молодой человек, подобно своему отцу мелику Атаму, был заклятым врагом мусульманских тиранов крепости Шуши. Для того чтобы уничтожить его, Ибрагим-хан последовал политике своего отца Панах-хана. Этот хитрый джеваншированец, как мы уже знаем (гл. XI), для ослабления власти меликов Хачена Хасан-Джалалянов создал там (в селе Хндзристан) новое меликство — дом Мелик-Мирзаханянов, которые способствовали падению армянских княжеств Карабаха не меньше, чем мусульмане. Ныне же Ибрагим-хан, следуя примеру своего отца, задумал создать новое меликство, чтобы ослабить власть джрабердских Мелик-Исраелянов. В селе Гюлатах жили потомки Алахверди-юзбаши. Их отец служил у мелика Атама, а дети — у его сына мелика Межлума. Ибрагим-хан призвал к себе Мисаел-бека, сына Алахверди-юзбаши, и пообещал ему, что если он каким-либо образом устранит мелика Межлума, то он поможет ему стать меликом всего Джраберда. Мисаел-бек, соблазнившись посулами хана, согласился выполнить его поручение.

Мисаел-бек, взяв с собой своего зятя Акопа-юзбаши[84], отправился к мелику Межлуму в гости. Мелик в это время жил в своей летней резиденции на берегу реки Тартар, в месте, называемом Казарх[85]. Ничего не подозревая, он принял гостей, ибо один из них был старостой его села, а другой — зятем последнего.

После ужина гости удалились в отведенную им комнату. Огонь горел у них довольно долго. «Пора тушить огонь», — сказал Мисаел-бек. «Да, время», — ответил зять. Этот внешне безобидный диалог привлек внимание одного из слуг мелика, и он начал прислушиваться к разговору, из которого догадался, что гости задумали что-то недоброе. Он тут же сообщил об этом жене мелика, которая приказала слугам спрятаться у дверей мелика и ждать последствий. И действительно, глубокой ночью они заметили, что гости приблизились к комнате мелика и пытаются проникнуть внутрь. Оба были тут же задержаны.

На следующий день мелик Межлум, узнав о тех соблазнительных предложениях, ради которых гости решились убить его, приказал казнить и Мисаел-бека и его зятя Акопа-юзбаши. Мелик был так разгневан, что велел уничтожить всю их семью, но младший брат Мисаел-бека Рустам-бек собрал всех и удрал в крепость Шуши к Ибрагим-хану.

Этот эпизод не только стал причиной внутренних раздоров, но упомянутый Рустам-бек, став орудием в руках Ибрагим-хана, совершил множество злодеяний против мелика Межлума. Это мы увидим в продолжении нашей истории, а сейчас лишь упомянем, что Рустам-бек

---

[84] Этот Акоп-юзбаши (сотник) известен под именем Тюли-Акоп, то есть Разбойник Акоп; это прозвище полностью характеризует его.

[85] Сейчас это место называется Марага, так как в 1828 году заселено беженцами из персидского города Марага.

был зятем известного человека — Апрес-аги[86]*. Совместно со своим тестем он создал мощную партию, боровшуюся не только против мелика Межлума, но и против всех тех меликов, которые сотрудничали с ним: гюлистанских Мелик-Бегларянов и дизакских Мелик-Аванянов.

Таким образом, несмотря на то, что Ибрагим-хану не удалось убить мелика Межлума и создать в Джраберде новое меликство под своим покровительством, тем не менее он достиг своей цели. Он сумел создать новую оппозиционную партию, в которую входил и католикос. Итак, мелики Карабаха разделились на две враждебные партии: одна — партия Мелик-Шахназарянов, к которой принадлежали сторонники хана и католикосы монастыря Ерек Манкунк, другая — партия мелика Межлума и Мелик-Бегларянов, выступавших против хана и объединившихся с католикосами монастыря Гандзасар.

XVII

Сделаем небольшое отступление и ознакомим наших читателей с вышеупомянутыми оппозиционными друг другу католикосатами, один из которых находился в монастыре Гандзасар, а другой — в монастыре Ерек Манкунк и которые сыграли значительную роль в падении армянских княжеств Карабаха.

В нашей истории имеется немало печальных свидетельств того, как всякий раз, когда возникал какой-либо важный национальный вопрос, всякий раз, когда страна находилась в опасности, всякий раз, когда угадывались какие-то благоприятные перемены в жизни народа, — одним словом, во всякую счастливую или несчастливую минуту, когда внимание народа сосредоточивалось на собственной судьбе, — внезапно возникали богословские или церковные споры. И народ вынужден был, оставив свои жизненные вопросы, заниматься этими спорами.

Мы могли бы привести множество примеров из прошлого [87], но обратимся к тому периоду, который является материалом нашего изложения.

---

[86] Этот Апрес-ага был из Кусапата; он был женат на сестре католикоса монастыря Ерек Манкунк Нерсеса. От этого брака родились сын Исраел и дочь Вард-хатун. Исраел стал католикосом монастыря Ерек Манкунк, а Вард-хатун вышла замуж за Рустам-бека.

[87] Разве не то же самое мы наблюдаем и в наши дни? 61-ая статья, принятая Берлинским конгрессом, осталась на бумаге; константинопольский патриарх сидит в своей резиденции; католикос Сиса мечется перед дверьми турецких

Известно, что католикосат Агванка существовал на протяжении пятнадцати веков, начиная от времен Григориса [88] до 1828 года. Резиденцией католикосам служили различные монастыри страны Агванк, а в последнее время — монастырь Гандзасар в провинции Хачен Карабаха.

Хачен был наследственным владением князей Хасан-Джалалянов; в последнее время им правили мелики, принадлежащие к этому дому. Католикосы также избирались из представителей этого дома. Таким образом, и церковная, и светская власть находилась в руках рода Хасан-Джалалянов.

В 1651 году некто Симон из Хоторашена (сын простого священника, не принадлежавший к роду Хасан-Джалалянов) в одном из сумрачных ущелий горы Мрав основал монастырь, названный Ерек Манкунк, и стал католикосом этого монастыря. Он и положил начало новому католикосату, оппозиционному древнему католикосату Агванка. Эти два враждующих католикосата (монастырь Гандзасар и монастырь Ерек Манкунк) были расположены не более чем в 24 часах пути друг от друга.

правителей, пролагая пути новым злодеяниям, а чем занят Манкуни, известно всем... (*Имеется в виду принятая взамен якобы благоприятной для армян 16-ой статьи Сан Стефанского договора 61-ая статья подписанного в июне-июле 1878 года на конгрессе в Берлине договора, в которой были полностью игнорированы требования западных армян и которая положила начало новым преследованиям армян со стороны турецкого правительства.*

Армянским патриархом Константинополя в это время был некий Нерсес Варжапетян, который, ведя двуличную политику, стремился не к улучшению положения своей духовной паствы а к укреплению собственного престола. А самозваные католикосы Сиса (Никогайос) и Ахтамара (Хачатур) всю свою беззаконную деятельность свести к склокам.).

[88] Григорис — внук святого Григора Просветителя (*Известно, что армянский католикосат Агванка был создан в VI веке после распада объединенного царства Великой Армении и отделения армянских областей Утик и Арцах от Армении. Административно обособленные области нуждались в духовном единении и создали в марзпанстве «Агванк» армянское церковное владычество, которому подчинялись также расположенные за Курой церковные епархии — армянская и собственно агванская.*

Внук Григора Просветителя Григорис был первым епископом, а не католикосом восточной части Армении. По свидетельству Мовсеса Хоренаци, «правители северо-восточных частей» прибыли к Трдату Великому и попросили прислать к ним «епископа из рода святого Григория». Трдат же «посылает туда епископом юного Григориса, старшего сына Вртанеса» (Мовсес Хоренаци, «История Армении», кн. III, гл. III) См. об этом: Б Улубабян, «К вопросу об обстоятельствах создания католикосата Агванка», «Арменоведческий журнал Айказян», вып. VII, Бейрут, 1972, с. 35-56, на арм. яз).).

Первый находился в провинции Хачен, а второй — в провинции Джраберд.

Деятельность католикосов монастыря Ерек Манкунк продолжалась с 1651 по 1800 год[89]. Это был период, когда для армян Карабаха каждая потерянная минута оборачивалась невосполнимыми утратами. В этот период пробудились свободолюбивые устремления меликов Карабаха; они, начиная с времен Петра Великого, вели серьезные переговоры с русским двором, воевали с персами и османами — весь Карабах пришел в движение. Это были наиболее тревожные времена в истории Карабаха...

Но чем занимались в это же время католикосы Карабаха?..

Из собрания различных фирманов и грамот, составленного митрополитом Багдасаром и находящегося ныне в наших руках, видно, что местоблюстители враждующих католикосатов — Гандзасар[90] и Ерек Манкунк — в тот момент, когда народ Карабаха был поглощен борьбой за независимость родины, были заняты лишь писанием жалоб друг на друга и соперничеством за приходы.

Конечно, каждый из католикосов имел свою партию, и поэтому в этой борьбе принимали участие и народ, и представители народа — мелики.

Невозможно отрицать, что и среди католикосов были достойные люди, как, например, Есаи и Нерсес, боровшиеся вместе с меликами за спасение родины. Но воздвигнутое одним, достойным, разрушали другие, негодные...

В этом мы убедимся позже, а сейчас продолжим наше повествование.

В тот же год, когда Ибрагим-хан сменил Панах-хана (1763), в Гандзаке скончался католикос монастыря Ерек Манкунк Нерсес. В тот же год мелики Карабаха, главным образом правитель Джраберда мелик Атам[91], возвели Ованеса на престол католикоса монастыря Гандзасар.

Как только Ованес стал католикосом Гандзасара, армяне Гандзака, в противовес ему, возвели епископа Исраела на престол католикоса монастыря Ерек Манкунк (1763).

Между двумя католикосами началось длительное соперничество. Мелики обратились в Эчмиадзин, но это еще более запутало дело.

---

[89] Симона сменил его родственник Нерсес, Нерсеса — сын его сестры Исраел. Последним был сын брата Симона — Симон-младший.

[90] Современниками католикосов монастыря Ерек Манкунк в монастыре Гандзасар были Иеремия, Есаи, Ованес и, наконец, Саргис, скончавшийся в 1828-году. Все они из рода Хасан-Джалалянов.

[91] Католикос Ованес состоял в родственных отношениях с меликом Атамом: его сестра Камар-солтан была женой мелика Атама.

Противоборство закончилось тем, что Ованес был признан законным местоблюстителем Гандзасара, а Исраел остался в Гандзаке. Он не осмелился даже переехать из Гандзака в свой монастырь Ерек Манкунк и постоянно искал удобного случая, чтобы отомстить своему сопернику — католикосу Ованесу — за это унижение. Подобный случай ему представился, и он погубил не только католикоса Ованеса, но и то великое дело, которое пытались осуществить мелики Карабаха.

XVIII

В 1762 году на российский трон взошла императрица Екатерина II. Она начала уделять внимание Армении и Грузии. Интерес к армянскому вопросу вновь пробудился.

Екатерина II решила осуществить замыслы Петра Великого в отношении Армении и Грузии. В это время главой армянской церкви в России был архиепископ Овсеп Аргутян [92]. Архиепископ Овсеп, пользовавшийся особым расположением императрицы и находившийся в близких отношениях с русским двором, стал выразителем заветных чаяний армянского народа.

Он с еще большим рвением стал следовать примеру своего предшественника архиепископа Минаса. Этот достопамятный священнослужитель, как мы видели в начале нашего рассказа, вместе со своим соратником Исраелом Ори вел активную деятельность при дворе Петра Великого. А архиепископ Овсеп сотрудничал с Ованесом Лазаряном [93]. Ори и Лазарян были земляками — переселившимися в Индию исфаханцами [94].

---

[92] Овсеп Аргутян (Иосиф Аргутинский — Долгорукий, 1743-1801) — архиепископ, с 1773 по 1800 гг. епархиальный начальник обитающих в России армян, видный деятель армянского национально-освободительного движения, убежденный сторонник русской ориентации. В 1800 г был избран католикосом всех армян.

[93] Ованес Лазарян (Лазарев Иван Лазаревич, 1735-1801) — граф, видный деятель армянского национально -освободительного движения, основоположник Лазаревского института восточных языков. Имел доступ к русскому двору и использовал свои связи для получения помощи от России на восстановление армянской государственности.

[94] Приобретший известность в России род Лазарянов (Лазаревых) ведет свое начало от Лазарянов из Новой Джуги (в Персии). Основателем этого дворянского рода стал Агазар Назаретович Лазарян (1700-1782), ведший в Москве широкую торговую деятельность. Сын Агазара Ованес (см. примеч. 2 к гл. XVIII), о котором здесь идет речь, никак не был связан с Индией: он родился в Джуге, а умер в Петербурге.

Армяне Исфахана и Индии, хотя и вынуждены были в силу исторических обстоятельств удалиться из своей страны, но сердца их принадлежали Армении. Они сумели в далеких уголках Востока найти счастье и богатство, но и на берегах Инда неизменно помнили о своей Армении, так же, как и изгнанный Израиль на берегах Тигра помнил о священном Иерусалиме.

Они без сожаления расставались со своим богатством в тех случаях, когда предоставлялась возможность помочь золотом делу освобождения родины. За два года до восшествия на престол Екатерины II (1760) в Санкт-Петербург прибыл из Англии Эмин Овсепян [95] (4), армянин, переселившийся в Индию из персидского города Хамадан и наживший там миллионы. Он предложил все свое богатство с тем, чтобы русское войско помогло армянам освободиться от персидского господства. Его предложение было встречено с сочувствием. Из Санкт-Петербурга Эмин отправился в Армению, где армянские мелики оказали ему восторженный прием. Они обладали мужеством и сильными руками, а Эмин предоставлял им деньги для покупки оружия. Значит, все в порядке. С целью создания могущественного армяно-грузинского союза Эмин обратился к царю Ираклию и поделился с ним своим замыслом. Но этот двуличный царь, который в это время, с одной стороны, возлагал надежды на персов, а с другой — посматривал на Санкт-Петербург, неодобрительно отнесся к предложению Эмина. Армянский Крез, осуществляя свои политические планы, отправился затем в Калькутту, но преждевременная смерть не позволила ему осуществить свои проекты. А миллионы его так и пропали в английском банке[96] ...

Ори не был земляком Ованеса Лазаряна, тем более «переселившимся в Индию исфаханцем». На основе достоверных источников давно доказано, что Ори был одним из последних потомков владетелей Вайоц дзора Хагбакян-Прошянов, родившемся в селе Мартирос (см.: Гарегин католикос Овсепян, «Хабакяны, или Прошяны, в армянской истории», Антилиас, 1969, с 143-145; А. Иоаннисян «Очерки.», кн. II, с. 240-243).

[95] Ираклий II (1720-1798) — грузинский царь, выдающийся государственный деятель и полководец С 1744 г. — царь Кахетии, с 1752 г. — царь Картлии и Кахетии, т.е. всей Восточной Грузии. Участвовал в русско-турецкой войне 1768-1774 г. на стороне России. В 1783 г. заключил Георгиевский трактат, по которому Восточная Грузия переходила под покровительство России.

[96] Эмин Овсепян (Иосиф Эмин, 1726-1809) — выдающийся представитель армянского освободительного движения. Решительный сторонник русской ориентации и создания объединенного армяно-грузинского государства. Сведения, сообщаемые Раффи об Эмине, не соответствуют действительности. Эмин был беден и осуществлял свою миссию на средства, выделяемые его

Архиепископ Овсеп был так воодушевлен идеей спасения Армении, что, видя благорасположение императрицы, считал вопрос восстановления родины уже решенным. Обновленная Армения должна была стать самостоятельным вассальным княжеством, находящимся под протекторатом России. Архиепископу Овсепу даже было поручено составить проект договора, регулирующего отношения армянского народа с покровительствующим ему государством. Этот договор, как мы увидим, состоял из 19 статей и содержал в себе основные принципы устройства обновленной Армении и ее обязательства перед Россией.

Указанный договор был составлен в 1790 году. Одновременно архиепископ Овсеп составил обширную справку, в которой подробно изложил историю сношений меликов Карабаха с русским двором, начиная со времен Петра Великого, и напомнил об услугах, оказанных ими России. Эту справку вместе с вышеупомянутым договором архиепископ передал императрице через генерал-фельдмаршала князя Григория Александровича Потемкина.

Потемкин состоял в тесных дружественных отношениях с архиепископом Овсепом. Как свидетельствуют многочисленные исторические факты, он уже считал себя кандидатом на престол нового армянского государства.

Воодушевление армян было безмерным. Армяне, проживавшие в различных уголках мира, уже знали о скором восстановлении Армении. Архиепископ Овсеп, этот энергичный, неутомимый церковнослужитель, вел обширную переписку со всеми странами, где проживали армяне. Повсюду — от Индии до Польши, от Египта до Персии — он рассылал свои послания и возбуждал горячее чувство патриотизма. Он вел переписку с грузинскими царями, католикосом Эчмиадзина, католикосом Агванка и меликами Карабаха.

Воодушевление было столь велико и освобождение Армении казалось настолько реальным, что в Индии была опубликована книга Акопа Шаамиряна, содержащая принципы государственного строя и свод законов будущего объединенного армяно-грузинского царства[97] .

друзьями в Англии и России. Однако представление об Эмине как об «армянском князе», «принце», «миллионере» возникло неслучайно, ибо этому способствовал и сам Эмин, дабы придать себе больший вес и вернее добиться осуществления своих проектов. Жизнь и деятельность Эмина подробно освещены в монографии А. Р. Иоаннисяна «Иосиф Эмин». Ереван, 1989.

[97] В 70-х годах XVIII в. группой патриотически настроенных армянских деятелей во главе с богатым негоциантом Шаамиром Шаамиряном в Мадрасе были изданы две книги. «Новая книга, называемая увещевание» и «Западня честолюбия». Первая книга содержит политическую программу освобождения Армении путем

Состоятельные армяне Индии не жалели своих капиталов для дела освобождения далекой родины. Появился, например, некий патриот, который хотел заплатить золотом Турции и Персии за свободу Армении. Он уже выкупил у грузинского царя Георгия провинцию Лори и намеревался выкупить провинцию Борчалу, Ереванскую область и другие земли, чтобы наладить в этих краях обработку хлопка, сахарного тростника, синьки и кофе, построить заводы и оживить экономическую жизнь страны.

Все это движение вдохновлялось архиепископом Овсепом.

Политические интересы русского правительства в то время требовали, чтобы для защиты восточных границ государства от посягательств персов и османов было восстановлено объединенное армяно-грузинское княжество, которое под протекторатом России обещало стать надежным и верным стражем ее рубежей. Восточное мусульманство, особенно мусульманство Закавказья, представляло постоянную опасность для России. Необходима была некая преграда перед этим бешеным потоком, и такой преградой должны были стать христианские народы Армении и Грузии.

Еще 6-го апреля 1783 года князь Григорий Александрович Потемкин, увлеченный надеждой стать во главе независимого армянского княжества, подписал ордер тогдашнему командующему русской армией на Кавказе генерал-поручику Павлу Сергеевичу Потемкину [98], в котором предписывалось свергнуть шушивского Ибрагим-хана и помочь армянским меликам создать в Карабахе независимое армянское княжество. Тот же приказ был повторен в ордере от 9-го мая 1783 года. В нем тому же генерал-поручику Потемкину предписывалось ободрять армян в их содействии видам русского правительства, которое намеревается с их помощью создать сильное христианское государство под высочайшим покровительством России.

Обо всем этом знали мелики Карабаха, обо всем этом знал католикос Гандзасара Ованес, с которым постоянно советовались мелики; обо всем этом знал и католикос Эчмиадзина, принимавший тайное участие в общем

национального восстания при активном участии карабахских меликов и поддержке со стороны Ираклия. Вторая книга состоит из двух частей. Первая часть представляет собой обширное историко-теоретическое введение, в котором излагаются и обосновываются основные принципы государственного строя. Вторая часть является сводом законов будущей независимой Армении. Подробно об этом: А.Р. Иоаннисян, «Иосиф Эмин», с 259-299.

[98] Потемкин, Павел Сергеевич (1743-1796) — граф, государственный деятель и писатель, родственник князя Г. А. Потемкина-Таврического. С 1784 г. генерал-губернатор Кавказа.

деле. Мелики Карабаха обещали не только обеспечить русскую армию при ее вступлении в Карабах всем необходимым, но и объединить с ней все свои силы. Начало военных действий было намечено на лето 1784 года; генерал-поручик Потемкин был готов к войне с персами. В это же время к генерал-поручику Потемкину прибыл посланец меликов Карабаха Степан Давтян, сообщивший ему подробные сведения о подготовке армян и политической ситуации в Закавказье. За усердную службу он был произведен в премьер-майоры.

XIX

В то время как русская сторона проводила необходимые приготовления, в то время как архиепископ Овсеп, охваченный пламенем патриотических чувств, неустанно стремился к осуществлению своей великой идеи, в Карабахе происходили драматические события.

Мы знаем, что за короткое время (1775-1780) умерли два видных правителя Карабаха — мелик Гюлистана Овсеп и мелик Джраберда Атам — наиболее деятельные борцы за освобождение родины. Они почти двадцать лет воевали с Панах-ханом и не позволили ему завладеть Карабахом. Их сменили сыновья: мелика Овсепа — мелик Абов III, а мелика Атама — мелик Межлум. Они сохранили верность союзу отцов и продолжили их переговоры с русским правительством об освобождении страны.

Мы также знаем, что спустя год после смерти мелика Атама (1781) правитель Дизака мелик Есаи Мелик-Аванян стал жертвой коварства Ибрагим-хана. Его преемник мелик Бахтам сохранил верность союзу с двумя вышеупомянутыми меликами.

Нам также известно, что когда Ованес Хасан-Джалалян был рукоположен в католикосы Гандзасарского монастыря (1763), одновременно в Гандзаке был рукоположен в католикосы и некий Исраел, который и остался там под защитой местного Джавад-хана. Этот католикос Исраел и погубил то великое дело, которое было создано благодаря огромным усилиям Ованеса и трех меликов Карабаха.

В то время как, с одной стороны, мелики Карабаха вели дипломатические переговоры с русским правительством, а с другой — внутренние распри ослабляли их силы, Ибрагим-хан не медлил и умело извлекал выгоду из любых обстоятельств.

Он знал о приготовлениях русских, он догадывался, что между этими приготовлениями и действиями меликов Карабаха существует некая скрытая связь. Ему известно было и то, что грузинский царь Ираклий ведет секретные переговоры с меликами. Он понимал, что во всем этом кроется угроза его власти. Он начал укреплять крепость Шуши и готовиться к отражению опасности.

Русские дали обещание оказать помощь армянам и грузинам, но запаздывали.

Ибрагим-хан понимал, что объединенные силы армян и Грузия способны уничтожить его и без помощи русских, поэтому решил нанести косвенный удар по грузинам, а потом заняться армянами.

В XV главе мы упоминали, что Ибрагам-хан, женившись на дочери мелика Шахназара, взял в жены и дочь аварского Омар-хана. Этот брак способствовал укреплению дружественных союзнических связей между ним и Омар-ханом. Ибрагим-хан решил с помощью диких горцев своего тестя отвлечь внимание грузин, дабы они не имели возможности объединиться с армянами и действовать против него.

По его наущению огромная масса кавказских горцев во главе с Омар-ханом напала на Грузию (1782). Сперва они разорили Борчалу, затем вторглись в Лори, осадили крепость, называемую Гюмуш-хана[99]. В этой крепости укрылись греки, работавшие на рудниках, здесь же пыталось найти защиту и население близлежащих армянских деревень. Омар-хан захватил крепость, вырезал всех греков, а многих армян увел с собой в плен. Царь Ираклий, имевший в своем подчинении, помимо грузин, 300 русских солдат, пытался пресечь варварства Омар-хана, но оказался настолько робким, что даже не осмелился приблизиться к нему. Омар-хан, взяв с собою множество пленных и уничтожая все вокруг, двинулся в Ахалцих, находившийся в руках османов, и провел зиму у местного паши Сулеймана. Отсюда Омар-хан направил свою армию к крепости Вахами, где жил со своей семьей князь Абашидзе. Войска Омар-хана завладели крепостью и захватили в плен ее жителей, в том числе и двух дочерей Абашидзе. Одну из них Омар оставил при себе, а другую отослал в дар Ибрагим-хану.

Весной Омар покинул Ахалцих и через Ереванское ханство перешел в Карабах, а оттуда вернулся в родные края, захватив с собой множество пленных и огромную добычу. Однако население Еревана и Карабаха он не смог нанести значительного ущерба, так как еще до его появления оно сумело укрыться в неприступных местах. Тем не менее этот бурный переход горного зверя через Грузию и Армению должен был, по замыслу Ибрагим-хана, стать для христиан еще одним доказательством его силы.

---

[99] Находится около Ахпата и Санаина и по названию местных рудников называется Гюмуш-хана, что означает «серебряный дом» или «серебряный рудник».

XX

Мелики Карабаха ждали лета 1784 года и прибытия войск генерал-поручика Потемкина, чтобы, объединившись с ним, начать войну с магометанами. Однако прошел еще год, но обещанная помощь не пришла.

В апреле 1785 года из монастыря Гандзасар вышел человек в одежде бедняка и с тяжелым посохом паломника в руке; он направился в сторону Гандзака. Этого человека за быстроходность называли «иноходец» Григор. В тот же день другой человек отправился из села Шах-Мансур в Шуши. Последний был знатного происхождения, он прошел прямо к Ибрагим-хану и сообщил ему, что армянские мелики совместно с католикосом Гандзасара Ованесом составили новое послание к российской императрице, в котором призывают русских принять правление над их страной, одним словом, изменник передал подробные сведения обо всех приготовлениях меликов и католикоса Ованеса и их переговорах с русскими.

Несмотря на то, что мелики готовились в глубокой тайне, несмотря на то, что они соблюдали строгую конспирацию, тем не менее этот изменник знал обо всем, ибо он был родным братом католикоса Ованеса и сам принимал участие в совещаниях. Это был Алахкули-бек, сын Мелик-бека Хасан-Джалаляна. То, что возводил один брат, разрушал другой. История наша довольно бедна достойными людьми, но богата предателями...

Ибрагим-хану было известно о намерениях русских, и он давно уже начал укреплять крепость Шуши. Он догадывался и о тайных сношениях армян с русскими, но у него не было конкретных фактов, чтобы наказать армян. Изменник предоставил ему эти факты. Он сообщил, что гонец в нищенской одежде должен доставить новые послания, хранящиеся в его посохе, в Гандзак, а оттуда в Тифлис. Эти послания, добавил он, подписали мой брат католикос Ованес, мелик Гюлистана Абов Мелик-Бегларян, мелик Джраберда Межлум Мелик-Исраелян, мелик Дизака Бахтам Мелик-Аванян и другие церковные и светские деятели.

Поскольку мелик Варанды Шахназар, мелик Хндзристана Алахверди и Рустам-бек из Гюлатаха были сторонниками хана, то союзные мелики не пригласили их участвовать в совете.

На вопрос хана, возможно ли каким-либо образом получить письма, отправленные с гонцом, изменник сообщил, что в Гандзаке гонец должен явиться к католикосу Гандзака Исраелу, чтобы забрать и его письма.

Достаточно обратиться к католикосу Исраелу, и он тотчас завладеет всеми бумагами.

В последнее время Исраел, скрывая свою давнюю вражду к католикосу Ованесу, внешне проявлял полное согласие со всеми теми действиями, которые совершались для освобождения родины. Он был одним из тех церковников, которые в Гандзасарском монастыре присягнули на кресте и Евангелии в верности делу освобождения родины. Но в то же время этот злодей не раз тайно обращался к Ибрагим-хану, предлагая свои услуги в обмен на католикосский престол Гандзасарского монастыря.

Хан решил, что настало время испытать его верность. Поскольку его отношения с гандзакским Джавад-ханом были враждебными, он не мог сам отправить своих людей и арестовать гонца. Он написал письмо католикосу Исраелу, сообщая, что к нему прибудет письмоносец, отправленный под видом нищего, в посохе которого спрятаны подозрительные бумаги. Если он сумеет захватить эти бумаги и переслать ему, то он, в свою очередь, обещает всяческое содействие в его намерении занять католикосский престол Гандзасара. Письмо было отослано с тем же отступником Алахкули-беком Хасан-Джалаляном.

Хотя католикос Исраел прекрасно сознавал, какой опасности он подвергает армянских меликов и католикоса Ованеса, выполняя волю хана, хотя он понимал, что своим предательством губит дело освобождения страны, тем не менее, ставя собственную выгоду и престол католикоса Гандзасара выше национальных интересов, он захватил бумаги и отослал их Ибрагим-хану.

XXI

Ибрагим-хан, получив письма от католикоса Исраела, вначале ничего не предпринял и сделал вид, что ничего не знает о намерениях меликов. Затем пригласил к себе мелика Межлума, мелика Абова и мелика Бахтама под предлогом обсуждения неотложных дел. Когда они прибыли, он взял их под стражу, мелика Межлума и мелика Абова заточил в крепость Шуши, а мелика Бахтама, отношения с которым были у него особенно враждебными, передал персидским властям как политического преступника, способствовавшего проникновению русских в персидские пределы. Мелика Бахтама перевезли в Персию и поместили в крепость Ардевиль. В этой крепости, по давней традиции, содержали только важных политических преступников знатного происхождения. Мелик Бахтам — внук мелика Аван-хана — также не был обычным преступником. Его род был известен в Персии еще со времен Надир-шаха. После ареста мелика Бахтама Дизак стал персидской провинцией.

Ибрагим-хан, арестовав меликов, послал отряд всадников, который разграбил богатый Гандзасарский монастырь. Удалось спрятать лишь часть монастырской утвари. Затем люди Ибрагим-хана схватили католикоса Ованеса и пятерых его братьев[100], доставили их в крепость Шуши. Все они были арестованы и подвергнуты варварским пыткам. Католикос Ованес был отравлен в тюрьме (1786), а его братьев и других родственников в течение девяти месяцев истязали в застенках. На протяжении двадцати дней епископа Саргиса непрерывно били палками по ногам, чтобы он указал, где спрятаны письма, полученные от русского правительства. Но письма эти были заранее сожжены. В конце концов, оштрафовав монастырь Гандзасар на 8 тысяч туманов[101] и получив от епископа Саргиса назначенную сумму, Ибрагим-хан отпустил его и остальных братьев на свободу.

Мелик Межлум и мелик Абов недолго оставались в тюрьме, так как были переведены в особое место. Как только Арзуман, храбрый воин мелика Межлума, узнал о его аресте, он, взяв с собой двух своих бесстрашных товарищей — Дали-Махрасу (вардапета Авага) и ювелира Мелкума, ночью проник в крепость Шуши и, сокрушив двери темницы, освободил меликов.

Католикос Исраел за оказанные услуги получил от Ибрагим-хана престол католикоса Агванка, тот самый престол, ради которого он выдал хану католикоса Ованеса. Однако местопребыванием католикоса был определен монастырь Амарас, дабы он был поближе к хану и находился у него под рукой. В монастыре же Гандзасар в это время была резиденция епископа Саргиса, брата мученически погибшего католикоса.

Итак, из пяти владетельных меликов Хамсы осталось двое — мелик Абов Мелик-Бегларян и мелик Межлум Мелик-Исраелян. Остальные трое были почти уничтожены. Мелик Дизака Вахтам Мелик-Аванян был выслан в Персию и, подобно Аршаку Второму, заточенному в свое время в крепость Ануш, содержался в крепости Ардевиль. Мелики Хачена Хасан-Джалаляны после смерти католикоса Ованеса, как мы увидим далее, почти все были изгнаны и жили на чужбине. В Хачене правили мелики, назначенные Ибрагим-ханом. Оставался лишь владетель Варанды — мелик Шахназар, виновник всех несчастий и любимец Ибрагим-хана.

---

[100] У католикоса Ованеса было семь братьев; одним из них был епископ Саргис, ставший впоследствии католикосом; остальные братья — Габриел-бек, Даниел-бек, Исраел-бек, Мисаел-бек, Джалал-бек и изменник Алахкули-бек, предавший всех.

[101] В одной из рукописей указано 56 тысяч туманов.

В 1787 году генерал Бурнашов[102] и грузинский царь Ираклий в сопровождении русских войск вошли в Гандзак. Мелик Межлум и мелик Абов, бежавшие из крепости Шуши, сразу же отправились к Бурнашову и Ираклию. Они надеялись, что русские войска, согласно множеству данных им обещаний, придут им на помощь и они вновь встанут во главе своих подданных. И действительно, им обещали дать четырехтысячное войско под командованием князя Орбелиани.

Но в том же 1787 году началась вторая русско-турецкая война; генерал Бурнашов получил неожиданный приказ вернуться со своими батальонами в Россию. В результате Бурнашов и Ираклий не смогли выполнить своего обещания. Ираклий с русским войском возвратился в Тифлис, а мелик Межлум и мелик Абов, лишенные помощи, отправились вместе с ним.

Узнав об этом, Ибрагим-хан стал действовать более уверенно и беспощадно. До этого момента он испытывал страх перед русскими, но русские появились и вновь исчезли, как сон. Что теперь могло сдержать его? Союз меликов распался, и даже армянский католикос стал послушным орудием в его руках. Остались лишь два мелика, которых опасался Ибрагим-хан, — Абов и Межлум — истинные патриоты, мужи, наделенные высоким чувством долга и чести, но и они искали помощи в чужих краях.

Когда Ибрагим-хан узнал, что оба мелика отправились в Тифлис с русским войском, он приказал схватить мать мелика Межлума и некоторых членов семьи мелика Абова и заключить их в качестве заложников в крепость Шуши. Затем он разграбил и обратил в руины страну мелика Межлума и назначил на его место Рустам-бека[103] из Гюлатаха, мужа сестры своего приспешника католикоса Исраела. На место мелика Абова также был назначен другой человек.

Ибрагим-хан достиг своей цели: он считал себя хозяином всего Карабаха. Оставшиеся здесь мелики, хотя и пользовались своими прежними правами, но, кроме мелика Варанды Шахназара, считались подчиненными хана.

Но мелик Межлум и мелик Абов не прекратили борьбы: они не

---

[102] Бурнашов, Степан Данилович — полковник, курский губернатор, впоследствии сенатор. Автор сочинений: «Описание областей адербижански в Персии» (Курск, 1793) и «Описание горских народов» (Курск, 1794).

[103] Рустам-бек был братом Мисаел-бека. Мы знаем, что Мисаел-бек, подкупленный Ибрагим-ханом, пытался убить мелика Межлума и овладеть меликством Джраберд. Теперь же меликство получил его брат, обещавший полную покорность магометанскому хану.

могли оставить безнаказанным магометанского хана, разорившего их страну.

XXII

Мелик Межлум и мелик Абов недолго оставались в Тифлисе.

Перенеся столько мучений, оставив свои семьи и земли в руках врага, отчаявшись получить помощь в Тифлисе, оба мелика — Межлум и Абов — все же не отвратили своих взоров от России, все еще надеялись на ее помощь.

Они обратились с письмом к генерал-аншефу Текеллию, в котором описали все перенесенные ими беды, начиная в того дня, когда, прельстившись обещаниями генерал-поручика Потемкина, вручили свою судьбу в руки России и начали войну с Ибрагим-ханом, описали все злодеяния, совершенные ханом.

Они вновь просили защиты у императрицы, предложив следующие условия:

«1. Для свержения с них ига варваров сделать им действительное вспоможение войском, хотя бы в небольшом числе; ибо они, соединя силы свои с воинством Российским, одним именем своим там страшным, могут преодолеть силы Персиян и низложить владычество Шушинского хана. За сим всеподданнейше просили восстановить верховную над ними власть в Особе Грузинского Царевича Давида, внука Царя Ираклия, или другого способнейшего по качествам и достоинствам.

2. Если упомянутой милости получить они не могут, то, напоминая просьбы, поданные предками их Государю Петру Великому, и основываясь на оказанном к их просьбам благоволении Государя, всеподданнейше просят о переведении и поселении их в окрестностях Дербента, по берегу Каспийского моря, и об укреплении за ними заселенных ими мест, предоставя Меликам и наследникам их полное право над их подданными»[104].

В это же время представитель меликов Карабаха, российский предприниматель Степан Давтян просит Потемкина оказать срочную помощь меликам. Последний обещает послать в Дербент шесть батальонов, чтобы помочь желающим принять русское покровительство.

Об упомянутом переселении глава армянской церкви в России архиепископ Овсеп в своем обширном донесении, представленном

---

[104] Этот и следующий документ помещены в «Собрании актов, относящихся к обозрению истории армянского народа», М 1838, ч. II, с 52-63.

императрице Екатерине II через князя Г. А. Потемкина, в частности, писал:

«Карабахские Мелики, Сентября 19-го 1789 года, за утешительные письма изъявляя мне, Архиепископу Гайканскому, свою благодарность, уведомляют о следующем: якобы от Его Светлости Князя Григория Александровича Потемкина-Таврического дано повеление Генералу Петру Абрамовичу Текеллию о вызове их, Меликов, в Россию, и что со стороны помянутого Генерала Текеллия о сем деле ничего не сообщено; почему просят убедительно меня о точном извещении. О сделанном между Меликами условии, о всех нуждах их сообщат мне, прося извещать их о благорасположении к ним Его Светлости.

Напоминая просьбы, поданные предками их Государю Петру Великому, и основываясь на оказанном к их просьбам Государевом благоволении, просят о переселении их в Дербентское владение и об укреплении за ними тех мест в вечное владение. В случае же переселения их в Россию, просят пособия войск Российских в Грузии, дабы безопасно могли удалиться из владения Карабахского с народом. К сему присоединили, что все их общество, в сих двух предложениях соглашаясь с Меликами, просит уведомить их, где будет им отведена земля, и, если в России, на каких условиях. Они желают, чтоб благоволили утвердить преимущества их, издревле принадлежащие и предоставленные им нерушимо даже их врагам, то есть; право быть им владетелями своих подданных, наследовать потомкам их оными, равно и места, отведенные им к поселению, утвердить с таким же правом.

Помянутые два Мелика, Межлум и Абов, по донесении своей просьбы, уверяют о верном согласии и последних трех Меликов, остающихся в Карабахе. О сем доводя до сведения Вашей Светлости для доклада Ее Императорскому Величеству, убедительнейше и всепокорнейше прошу о доставлении России толико знаменитой Государственной пользы, о даровании им милостивого Высочайшего покровительства, а мне наставления об извещении их: поелику я без особливого разрешения, Высочайшего соизволения и без уведомления Вашей Светлости отвечать не могу; письма же помянутых двух Меликов, Межлума и Абова, в подлиннике при сем с переводом прилагаю».

Каков был ответ меликам, нам неизвестно, но так как русские в это время были заняты войной с Турцией, то вряд ли у них была возможность основательно заняться делами меликов и хоть как-то облегчить их положение.

Мелики, находясь некоторое время у царя Ираклия, предлагали ему объединить силы и уничтожить власть Ибрагим-хана, напоминали ему о тех варварских набегах в Грузию, которые совершил по наущению

Ибрагим-хана аварский Омар-хан несколько лет назад. Ираклий обещал свою поддержку, но советовал подождать немного. Однако мелики не могли ждать; их подданные, даже их семьи находились в руках Ибрагим-хана.

В это же время Ираклий получает письмо от Ибрагим-хана. Хан предлагает ему схватить мелика Межлума и мелика Абова и передать их в его руки. Взамен хан обещал вернуть те 3000 тюркских семей, которые прежде были грузинскими подданными, но бежали из Борчалу в Карабах и поселились в окрестностях крепости Аскеран.

Грузинский царь, не столько из желания получить назад своих подданных, сколько опасаясь мстительности Ибрагим-хана, решает выполнить его приказ и арестовать нашедших у него прибежище гостей. Об этом замысле узнают армянские мелики. Секретарь Ираклия Мирза-Георгий, армянин по национальности, прочитав письмо Ибрагим-хана, сообщил о его содержании меликам.

Как рассказывают, Ираклий решил пригласить меликов на обед в сады Ортачалы, напоить их и здесь же за столом арестовать. Но мелики уже знали о его намерениях: перед обедом они вскочили на коней, якобы желая поохотиться в окрестностях и добыть дичи для царского стола, и более не вернулись. Мелики, имея с собой около сотни всадников, оставили негостеприимный Тифлис и отправились в Гандзак. По пути они встретили возчиков-грузин, направлявшихся в Тифлис, и мелик Межлум попросил их передать царю Ираклию, что он не забудет его гостеприимства...

И действительно, самолюбивый сын мелика Атама не забыл отомстить грузинскому царю за коварство: задуманный им обед через несколько лет стал причиной гибели Тифлиса...

Предательство грузинского царя глубоко ранило чувствительное сердце мелика Межлума. Архиепископ Овсеп так высоко ценил Ираклия, что даже видел в нем возможного главу будущего объединенного армяно-грузинского государства в том случае, если престол не займет сам князь Потемкин. А этот трус, убоявшись письма Ибрагим-хана, намеревался предать в его руки двух видных меликов Карабаха, которых сам же и пригласил в Тифлис, обещая им помощь.

Мелики прибыли из Тифлиса в Гандзак. Местный Джавад-хан принял их с радушием, отвел им в своем городе место для жительства, выделил деньги, необходимые для проживания. И несмотря на то, что Ибрагим-хан не раз обращался к Джавад-хану с просьбой выдать ему меликов, Джавад-хан оказался благороднее грузинского царя и отказал ему в просьбе.

76

XXIII

Мелик Межлум и мелик Абов, обосновавшись в Гандзаке, узнали о всех тех жестокостях, которым подверг Ибрагим-хан католикоса Ованеса и вообще род Хасан-Джалалянов, узнали о разграблении богатого монастыря и преследованиях его братии, о том, как хан, пытая и истязая людей, требовал выдать ему спрятанное монастырское имущество. Мелик Межлум, как мы знаем, был племянником католикоса Ованеса. Он послал из Гандзака отряд всадников во главе с Тюли-Арзуманом и ювелиром Мелкумом, чтобы они помогли брату католикоса епископу Саргису с братией перебраться в Гандзак.

Отряд Арзумана, прибыв в Хачен, затаился недалеко от монастыря Гандзасар, в лесах Кратапа, а епископу Саргису было передано, чтобы он подготовился к бегству. Среди армян в то время было столько агентов Хана, что епископ Саргис поначалу вынужден был прибегнуть к хитрости, чтобы хан не прознал о готовящемся побеге. Он распространил слух, будто в окрестностях появились разбойники и следует ждать их нападения. Услышав об этом, крестьяне укрылись в стенах Гандзасарского монастыря. Епископ же тех, в ком сомневался, арестовывал. Но несмотря на эти предосторожности, кто-то из армян донес хану, что епископ Саргис собирается бежать в Гандзак и взять с собой оставшиеся монастырские ценности.

Хан посылает отряд всадников, чтобы захватить беглецов. Они напали столь стремительно, что монахи не успели даже извлечь из тайников спрятанную утварь.

И хотя сокровища были спасены, тем не менее от людей мелика Межлума потребовалось все их мужество, чтобы спасти епископа и его спутников. На помощь им пришла сама природа: гору Мрав окутал обычный для Карабаха густой туман. Арзуман разделил свой отряд на две части: одна часть во главе с Мелкумом должна была доставить епископа Саргиса и его спутников по только им известной дороге в Гандзак, а другая, с которой остался и сам Арзуман, должна была принять бой с всадниками хана. Разгромив состоящий из нескольких сот воинов отряд, Арзуман приказал отрезать пленным уши и носы и отослал их обратно со словами: «Идите и передайте хану, что Арзуман — не тот кусок, который легко проглотить...»

Епископ Саргис со своими братьями прибыли в Гандзак в 1791 году; вместе с ним был и Багдасар[105], которому тогда было 22 года. Джавад-

---

[105] Багдасар — сын брата епископа Саргиса, Даниел-бека Хасан-Джалаляна. После рукоположения в епископы он был назначен митрополитом Карабаха и прославился многими замечательными деяниями.

хан [106] радушно принял епископа, отвел ему место для жительства и назначил содержание. Впоследствии Саргис стал главой армянской епархии в Гандзаке.

В тот же год, когда епископ Саргис Хасан-Джалалян прибыл в Гандзак (1791), он послал своих братьев Даниел-бека и Джалал-бека в Гандзасар, чтобы они извлекли из тайников сокрытые ценности и перевезли их в Гандзак. Это была монастырская утварь, которую удалось укрыть во время разграбления Ибрагим-ханом монастыря и которую во время своего поспешного бегства не имел возможности увезти с собой епископ Саргис.

Не удалось это и его братьям. Хотя Даниел-бек и Джалал-бек прибыли в Гандзасар тайно, они тут же были выданы. Люди Ибрагим-хана схватили их, Джалал-бека обезглавили, а Даниел-бека доставили к хану. Хан приказал заключить его в тюрьму, сказав при этом:

«Оставайся там, и пусть придут русские и освободят тебя...». Так спесивый хан насмехался над теми надеждами, которые армяне возлагали на русских. Через несколько дней, по приказу хана, Даниел-бека вывели из темницы и разрубили на части...

Его сестра — Камар-солтан (мать мелика Межлуна) — в это время содержалась в качестве заложницы в крепости Шуши. Она собрала куски тела брата и захоронила на местном кладбище[107].

Мы выше упоминали, что Ибрагим-хан, по совету мелика Шахназара, передал отступнику католикосу Исраелу монастырь Амарас и назначил его пастырем Карабаха. В это же время в монастыре Ерек Манкунк правил еще один католикос, по имени Симон-младший. Таким образом в Карабахе было два католикоса, находящихся под покровительством Ибрагим-хана.

---

[106] Джавад-хан, подобно своему отцу Шахверди-хану, очень любил армян. Он посещал армянскую церковь и присутствовал на всех армянских религиозных празднествах и обрядах. На одной из колонн церкви в Гандзаке имеется краткая надпись: «Колонна Джавад-хана». У этой колонны он стоял при посещении армянской церкви. Старинная родовая ненависть к шушинским ханам побуждала Джавад-хана поддерживать дружественные отношения с армянскими меликами и поступать вопреки Ибрагим-хану.

[107] В 1851 году сын Даниел-бека митрополит Багдасар установил надгробие на могиле отца и повелел высечь на нем следующие строки: «Здесь покоится прах владетеля гавара Хачен благородного князя Даниел-бека, сына князя Мелик-бека из великого дома Джалал-Доли, владетеля армянской страны Арцах, ныне называемой Карабах, или Шушинская область. Со святой верой погиб он мученически в крепости Шуши, замученный Ибрагим-ханом, врагом Креста Христова. В лето армянское 1240 (1791)».

Видя это, находившиеся в Гандзаке мелики — Межлум и Абов, — объединившись с Джавад-ханом, вопреки Ибрагим-хану, возвели на престол католикоса Гандзасара епископа Саргиса (1794). Рассказывают, что для совершения обряда помазания не хватало одного епископа, и сам Джавад-хан, чтобы спасти положение, встал среди епископов со словами: «Приступайте, я заменю недостающего».

Армяне Гандзака вместе с находившимися там меликами обратились в Эчмиадзин с просьбой утвердить Саргиса главой католикосата Агванка[108]. Но Эчмиадзин отказал им, ссылаясь на то, что в Карабахе уже есть два католикоса — Исраел и Симон, хотя эти два католикоса были скорее мусульманскими, чем армянскими священнослужителями.

Так возникла распря между тремя католикосами: Симоном, с резиденцией в монастыре Ерек Манкунк, Исраелом — в монастыре Амарас, и Саргисом — в Гандзаке.

Эта распря долгое время отвлекала внимание армянской общественности Карабаха и Гандзака, причем как раз в то время, когда армянские княжества Карабаха одно за другим пали под ударами Ибрагим-хана... и армяне должны были решать важнейшую национальную задачу...

XXIV

Несмотря на то, что мелик Межлум и мелик Абов находились в Гандзаке, Ибрагим-хан не считал, что опасность для него миновала, тем более, что они объединились с его врагом Джавад-ханом. Он видел, что среди оставшихся в Карабахе подданных мелика Межлума и мелика Абова наблюдается едва заметное оживление. Народ не мог забыть своих любимых меликов и подчиниться изменникам, назначенным и покорно подчинявшимся магометанскому хану. Мы знаем, что после удаления из Карабаха мелика Межлума и мелика Абова их подданными, с помощью Ибрагим-хана, стали править новые мелики. Эти посторонние и чуждые мелики были ненавистны народу.

Поэтому Ибрагим-хан, опасаясь, что армяне Гюлистана и Джраберда (то есть подданные мелика Межлума и мелика Абова) смогут объединиться с армянами Гандзака и составить вместе грозную силу, начал отселять их от границ Гандзака в другие места. Жителей Гюлистана

---

[108] Не следует забывать, что епархией католикосата Агванка являлся не только Карабах, но и Гандзак, Шемаха, Нуха, Дербент и другие провинции.

он переселил в Хачен, а жителей Джраберда — в Дизак[109] и таким образом рассеял их силы. Именно в это время (1788) 500 семей из Гюлистана (подданные мелика Абова), не вынеся тирании Ибрагим-хана, оставили свою родину и переселились в Гандзак. Джавад-хан отвел им место для жительства в Шамхоре, состоявшим под его правлением. В это же время около тысячи семей из подданных мелика Межлума оставили Джраберд и также переселились в Гандзак. Джавадхан поселил их в Шамшадине.

Эти беженцы, хотя и переселились в другие места, оставались подданными своих меликов. Они жили в Гандзаке как временные гости и не подчинялись Джавад-хану.

Здесь уместно напомнить, что в Гандзакском ханстве, как и в Карабахе, было четыре армянских меликства[110], о которых мы в нашей истории пока не говорили.

Часть карабахских армян, перебравшаяся в Гандзакское ханство под покровительство своих прежних меликов, начала совершать отсюда набеги на владения Ибрагим-хана. Иногда, с согласия Джавад-хана, им оказывали помощь и мелики Гандзакского ханства. Эти набеги продолжались в течение нескольких лет. Целью их было не подчинение своей власти, а разбой и грабеж. Каждое подобное нападение заканчивалось резней, поджогами, разрушениями и захватом пленных. И поскольку армяне безжалостно убивали захваченных пленных, тюрки Карабаха даже стали носить армянскую одежду. Этими набегами руководили Дали-Махраса (вардапет Аваг), Тюли-Арзуман и шушинский ювелир Мелкум. Они полностью перекрыли ущелье реки Тартар, и ни один мусульманин не мог пройти в сторону Гандзака.

Ибрагим-хан был вынужден несколько раз обращаться к Джавад-хану, прося его посредничества в переговорах с меликом Межлумом и меликом Абовом. Он предлагал им прекратить враждебные действия, вернуться на родину и вступить в прежние права. Но мелики не верили обещаниям лживого хана и считали, что мир может наступить лишь в том

---

[109] Этим переселением объясняется то обстоятельство, что сегодня в различных местах Карабаха можно встретить множество селений с одинаковыми названиями: например, Старый Хнацах и Новый Хнацах, Старая Зейва и Новая Зейва и т. д.

[110] 1) Мелики Барсума (мелик Ростом и другие); 2) мелики Хачакапа (мелик Мовсес и другие); 3) мелики Восканапата (мелик Юсуп и другие); 4) мелики Геташена (сын мелика Едигара мелик Мнацакан и другие). Эти мелики также наследственно владели своими подданными, но между ними и ханом Гандзака не было того противоборства, которое существовало между меликами Карабаха и ханами Шуши. Эти мелики жили в согласии с ханами Гандзака и считались его вассалами.

случае, если крепость Шуши будет разрушена, Ибрагим-хан покинет свое логово, удалится из Карабаха и переселится в джеванширские степи, где жили его предки. Это требование было крайне тяжелым для Ибрагим-хана: лишиться крепости Шуши означало для него потерять все. Нужно сказать, что и Джавад-хан считал, что крепость Шуши должна быть опустошена и разрушена. Для него было невыносимо соседство новоявленного ханства, укрепившегося в неприступных высях Шуши. Он не переставал повторять: «Будь проклят мелик Шахназар, вдохнувший жизнь в холодную змею и согревший ее на своей груди. Не было бы крепости Шуши, не было бы и джеванширского ханства...».

И действительно, крепость эту воздвиг мелик Шахназар и передал ее Панах-хану. И тот на груди Карабаха начал создавать коварное, вероломное мусульманское ханство.

Панах-хан был еще сравнительно сносным человеком: он в какой-то степени сохранял бесхитростность своего племени, был свободен от мусульманского фанатизма и обращался с армянскими меликами не как властелин, а как союзник. Но Ибрагим-хан не был похож на своего отца. Получив воспитание в Персии, он с детства впитал весь фанатизм мусульманской религии. Он не только преследовал христиан, но и принуждал многих принять мусульманство. Во времена правления меликов в Карабахе не было ни одного мусульманина. И если сегодня мы встречаем в Карабахе целые деревни, населенные армянами-мусульманами, если мы встречаем в армянских селах тюркские семьи, которые признаются, что их предки были армянами, — то все это результаты деятельности Ибрагим-хана.

Подобное поведение хана жестоко оскорбляло религиозное чувство армянских меликов. Они не видели иных путей пресечения отступничества, как убивать при случае отступников от Христовой веры. Дали-Махраса (вардапет Аваг) поступал иначе. Он поклялся, что убьет столько тюрок, сколько армян Ибрагим-хан обратит в магометанство. А Тюли-Арзуман выступал в роли миссионера. Он, конечно, с помощью меча, а не проповеди принуждал попавших в его руки мусульман признать истинность христианской религии и ложность мусульманской. О религиозном рвении этого человека свидетельствует случай, сохранившийся в памяти карабахских армян. Однажды Арзуман повстречал моллу, направлявшегося в крепость Шуши. Он схватил моллу и, приставив меч к его груди, сказал: «Если признаешь, что Христос — Бог, я не убью тебя». Молла признает. Арзуман заставляет его трижды повторить это признание и отпускает моллу. Об этом случае сообщают Ибрагим-хану. Хан, призвав моллу, в гневе спрашивает: «Неужели ты признал, что Христос — Бог?». «Да, признал, — отвечает молла. — Если бы Вы, великий хан, попали в руки Арзумана, то не только признали бы, что Христос — Бог, но и что сам Арзуман — бог богов...»

XXV

После нескольких лет пребывания в Гандзаке согласие, установившееся между меликом Межлумом и меликом Абовом, начало постепенно ослабевать. Мелик Межлум был человеком рассудительным, наделенным трезвым и острым умом. А мелик Абов, хотя и был бесстрашным и непобедимым воином, но характером обладал вспыльчивым и недальновидным. Естественно, что Джавад-хан более уважал мелика Межлума, и это вызвало ревность мелика Абова.

Расхождение между двумя меликами обострилось и потому, что мелик Абов намеревался покинуть вместе со своими подданными Гандзак, переселиться в Грузию и основать в Болниси новое поселение. Но мелик Межлум не разделял его намерений. Он не хотел оставлять родину и искать нового прибежища, ибо они и так жили вне пределов своих владений. Но Гандзак, считал мелик Межлум, все-таки был ближе к Карабаху, отсюда было легче при благоприятных обстоятельствах вновь вернуться в Карабах. Он совершенно не был расположен переселяться в Грузию и иметь дело с грузинами после предательства грузинского царя.

Все усилия Джавад-хана примирить меликов не принесли результатов. Однажды мелик Межлум и мелик Абов повздорили по какому-то ничтожному поводу. Как-то в постный день они были приглашены к Джавад-хану на обед. Мелик Межлум ел все без разбора, а мелик Абов отказывался, говоря, что грешно нарушать пост. Возник спор, и мелик Абов стал резко упрекать мелика Межлума в том, что он грешит перед армянской религией и т. д. С того дня он оставил Гандзак и вместе со своими подданными перебрался в Болниси.

В Болниси у мелика Абова также возникли разногласия с грузинскими царями, и он не мог здесь оставаться более. В 1795 году он покинул Болниси и, примирившись с Ибрагим-ханом, вернулся в Карабах и поселился на своей родине, в Гюлистане. Но обстоятельства, как мы увидим далее, заставили его вновь оставить родину...

XXVI

В 1791 году умер мелик Шахназар II. Карабах избавился от своего погубителя. Но удар, нанесенный им меликствам Хамсы, был столь сокрушителен, что уже невозможно было что-либо изменить...

На смертном одре он каялся, искал примирения со своей совестью и Богом. И так как подобные люди, как правило, пытаются найти искупление своих грехов в религиозном благочестии, он окружил себя монахами, открыл амбары с награбленным зерном и во время голода кормил народ хлебом.

Мелик Шахназар был очень богатым человеком. Он пытался искупить свои безмерные грехи еще большими благодеяниями. Монастырь Амарас, в котором хранились мощи святого Григориса — внука Просветителя — в то время оказался в бедственном состоянии. Мелик Шахназар начал восстанавливать строения этого монастыря, окружил его крепкими и высокими стенами, башнями, построил для братии кельи и комнаты, трапезную, амбары и скотный двор — и все из гладко тесанных камней, и все просторное и величественное. Но еще до начала строительства собора он скончался, и замысел его остался неосуществленным. В сундуках покойного обнаружили несколько мешков с золотом, которое он завещал на строительство храма. Но наследники не выполнили его завещания.

Мелик Шахназар оставил четырех сыновей, которых звали Джумшуд, Хусейн III, Джан-бахш и Джангир.

Перед смертью он назначил их опекуном своего друга Ибрагим-хана, поручив ему определить преемника по своему выбору.

По закону наследовать ему должен был Джумшуд, так как он был рожден в законном браке. Но Ибрагим-хан, по наущению своей жены Хюри-зат-ханум, остановил выбор на ее брате Хусейне[111]. Произвол хана привел к раздорам между наследниками. Джан-бахш обратился к персидскому шаху, получил от него фирман и пытался взять власть в свои руки. Но мелик Хусейн с помощью Ибрагим-хана напал на дом Джан-бахша, разграбил его имущество, а сам Джан-бахш едва спасся, сбежав со своим братом Джангиром в Шемаху к Мустафа-хану. Эта междоусобица между наследниками продолжалась до появления Ага-Мамат-хана, когда сам Ибрагим-хан,спасаясь от рук персидского шаха, вынужден был бежать в Белакан.

---

[111] У мелика Шахназара было несколько жен. Тагуи-ханум родила мелика Джумшуда, Сона-ханум родила мелика Хусейна III и одну девочку по имени Хюри-зат, которую отец отдал в жены Ибрагим-хану, а Малаик-ханум родила Джан-бахша, Джангира и девочку Хумаи.

XXVII

После смерти мелика Шахназара мощь Ибрагим-хана ослабла. В руках этого человека находился один конец той цепи, с помощью которой хан подчинял себе новоиспеченных армянских меликов. Мелики, которые в погоне за властью и должностью обратились за помощью к тюркскому хану и стали его вассалами, после смерти мелика Шахназара начали постепенно осознавать свою ошибку, понимать, что они собственными руками разрушили свой дом и вознесли над собой магометанского деспота.

Это прозрение было обусловлено рядом обстоятельств, на которых необходимо кратко остановиться, дабы показать, каково было истинное значение ханов Шуши, каковы были их права в отношении армянских меликов и можно ли считать их владетелями или князьями страны.

Мы знаем, как появился Панах-хан; мы знаем и то, что правитель Персии Карим-хан Зенд (который был не шахом, а незначительным лористанцем[112], захватившим власть над частью Персии) после убийства Панах-хана пожаловал его сыну Ибрагиму титул хана и назначил правителем крепости Шуши. Таким образом, Ибрагим-хан был никем иным как обычным персидским ханом, который благодаря царившим в то время в Персии безвластию и междоусобице сумел длительное время сохранять свое место. Но по сути он не был владетелем или князем страны, он был временным правителем, одним из тех, кого персидское правительство непрерывно сменяло. Он сам платил дань Персии и для сохранения своей должности ежегодно отправлял в Персию ценные дары и подношения.

Ему удавалось удерживать свое положение благодаря разобщенности меликов. Одни мелики были его врагами, другие, наоборот, — его сторонниками, и это позволяло ему поддерживать равновесие.

До определенного времени Ибрагим-хан не посягал на прямые и чувствительные интересы армянских меликов. Правда, он и его отец восстановили, например, два новых меликства в Хачене и Джраберде, но в этом деле они выступали не как зачинщики или распорядители, а как пособники. И поэтому отношения между ханом и этими меликами были скорее отношениями союзников, чем властителя и подчиненных.

Но после смерти мелика Шахназара Ибрагим-хан сбросил маску и, воспользовавшись доверием к нему покойного, определившего его опекуном над своими наследниками, посчитал своим полным правом

---

[112] Имеется в виду не наше Лори, а одноименная провинция Лори, или Лористан, в Южной Персии.

назначить преемником того из сыновей мелика, который хотя и был самым бездарным, но верно служил бы ему, так как был братом его жены. Это и вызвало недовольство других наследников, ибо вмешательство хана противоречило их традиционному обычаю наследования.

Но Ибрагим-хан пошел еще дальше. Он затронул наиболее существенные права народа и меликов: он начал вмешиваться в земельные вопросы страны, которые до того времени оставались неприкосновенными и решались только в соответствии со старинными армянскими обычаями, приобретшими силу закона. В нашу задачу не входит подробное рассмотрение земельного вопроса в Карабахе или обязательств крестьян перед меликами вообще и перед ханом, в частности[113]. Отметим только, что те печальные события, о которых мы рассказали в XXIV главе, позволили Ибрагим-хану произвольно распределять или распоряжаться землей, — право, которым он не обладал ранее. Мы знаем, что мелик Джраберда Межлум и мелик Гюлистана Абов с частью своих подданных переселились в Гандзакское ханство. Их земли, деревни опустели, остались без хозяев. В это время и начал хан раздавать землю всем, кому пожелал, и заселил эти места новыми переселенцами[114]. Таким образом, благодаря случайным обстоятельствам он приобрел право на армянскую землю, которым до этого не обладал.

Подобный произвол вызвал недовольство даже преданных хану меликов, особенно когда они увидели, что хан поселяет на армянских землях тюркских переселенцев, например, голани — дикое и разбойничье племя, кочевавшее по Джеваншырской степи. В Карабахе, населенном исключительно армянами, начали появляться тюрки, которых прежде здесь не было. Подобное поведение хана вызвало всеобщее недовольство как народа, так и дружественных хану меликов.

Мелики ничем не выдавали своего недовольства, но в их сердцах зрело чувство глухого протеста, которое ждало лишь удобного момента для проявления.

Первым выразил свой протест мелик Джумшуд, сын мелика Варанды Шахназара, — самый умный и здравомыслящий из братьев. Он уже осознал, какой ущерб нанесла его отцу и другим меликам дружба с шушинскими ханами.

---

[113] Этот вопрос будет рассмотрен нами в особой работе, которая будет называться «Земельный вопрос в Карабахе в период правления меликов» (*Этот замысел Раффи остался неосуществленным.*).

[114] Эта раздача земли ханом была столь незаконной и безосновательной, что когда часть армянских беженцев вернулась, они вновь стали хозяевами своей земли и изгнали поселенных ханом крестьян.

Насилие, царящее в обществе, не ощущается отдельной личностью вполне до тех пор, пока оно не коснется его лично. Мелик Джумшуд испытал его на себе. Тиран лишил его законного права на наследование и передал его недостойному брату. Два других его брата — Джангир и Джан-бахш, преследуемые тем же тираном, бежали к Мустафа-хану. Он остался в одиночестве и лишился их поддержки.

Родовое достоинство мелика было уязвлено. Его предок — мелик Шахназар-старший, владетель всего Гехаркуника, дружил с самим шахом Аббасом, перед которым трепетал весь Восток. Его дед, мелик Хусейн-старший, поддерживал отношения с царями. А ныне в великолепном доме этих великих людей, имеющем многовековую историю, распоряжается новоиспеченный джеваншрский хан, время правления которого не превышает дней его жизни. Но кто возвысил джеваншрца, кто способствовал его усилению? Опять же некий армянин, отступник и смутьян, пожертвовавший свободой родины ради своих мелочных корыстных интересов и ставший причиной ее падения. Мелик Джумшуд не мог не вспомнить без гнева, что этим армянином был его отец...

Все это было невосполнимой утратой. Однако мелик Джумшуд надеялся по возможности восстановить утраченное и облегчить муки края. Он ясно понимал, что причиной всего случившегося были разобщенность, междоусобица и присущая армянам любовь к иноземцам. Мелик Джумшуд был начитанным молодым человеком. Он не удивлялся тому, что когда-то армянские нахарары обратились к персидскому царю с просьбой сместить армянского царя и посадить на его место персидского марзпана. Он не удивлялся, он лишь сожалел о необычной любви армян к иноземцам, он лишь возмущался, когда видел, что то же самое происходит в его время, на его глазах.

Его отец впустил в неприступный Карабах чужеземца, который расшатал основание армянских княжеств и в итоге погубил создававшееся веками прочнейшее здание. Он понимал, что этому главным образом способствовали действия самих армян, раздоры между армянскими меликами — следовательно, восстановить это здание можно с помощью единства тех же меликов. Он решил вновь соединить разорванные нити единства. Но где были эти мелики?

Один, мелик Дизака Бахтам, закованный в цепи, содержался в крепости Ардевиль; двое — мелик Гюлистана Абов и мелик Джраберда Межлум — находились за пределами страны, скитались в поисках пристанища. А в самой стране оставались лишь отступники, покорившиеся хану мелики. Мелик Джумшуд решил склонить последних на свою сторону, нарушить их дружественные отношения с ханом. Случай помог ему осуществить свой замысел. И хотя случай этот был семейного характера, но приобрел политическое значение.

Ибрагим-хан был глубоко безнравственным человеком: его гарем был переполнен армянскими девушками, ни одна армянская красавица не могла избежать его посягательств. Мы знаем, что один из верных хану меликов — Рустам — был женат на Вард-хатун, дочери Апрес-аги из Кусапата. Когда Вард-хатун была еще девушкой, Ибрагим-хан хотел взять ее в жены. Отец девушки, чтобы спасти ее от мусульманского гарема, отдал ее мелику Рустаму, несмотря на то, что она была еще мала и не достигла брачного возраста. Однако Ибрагим-хан не успокоился: он много слышал о красоте Вард-хатун и не оставлял намерения завладеть ею.

Мы знаем также, что, когда мелик Абов и мелик Межлум удалились из Карабаха, Ибрагим-хан переселил некоторых членов их семей в крепость Шуши в качестве заложников. Тогда же он потребовал от мелика Рустама передать ему как заложницу и его жену Вард-хатун. Оказавшийся в безвыходном положении мелик Рустам согласился, хотя хорошо понимал, что хану она нужна как любовница, а не как заложница, ибо у него не было оснований сомневаться в его верности.

Мы знаем, что мелик Рустам не был законным меликом Хамсы, а получил княжество Джраберд от хана в качестве платы за предательство. Но теперь его честь была настолько оскорблена, что он оставил службу у Ибрагим-хана и со своей семьей[115*] перебрался в Нуху, к Селим-хану[116], который в это время враждовал с Ибрагим-ханом.

Селим-хан приветливо встретил мелика Рустама и выделил ему для жительства село Даш-булах. Отсюда Рустам начал совершать набеги на крепость Шуши и причинял много беспокойства Ибрагим-хану.

Хотя эти набеги и не имели особого значения, ибо для того чтобы сокрушить Ибрагим-хана нужно было объединение сил всех армянских меликов, тем не менее достаточно было и того, что один из верных хану меликов не только отделился от него, но и стал враждовать с ним.

Лишь два мелика оставались дружественными хану — мелик Хндзристана Алахверди Мелик-Мирзаханян и мелик Варанды Хусейн III Мелик-Шахназарян, родной брат жены (Хюри-зат-ханум) Ибрагим-хана, который с помощью сестры и получил управление Варандой. Это, как мы уже говорили, вызвало крайнее недовольство мелика Джумшуда Мелик-

---

[115] Многоженство было в обычае у меликов Карабаха; у мелика Рустама было две жены: одна — упомянутая выше Вард-хатун, другая — Мариам.

[116] Селим-хан Шекинский (Нухинский) поставлен ханом в 1796 г. командующим русскими войсками на Кавказе графом Зубовым. В июне 1805 г. вступил в подданство России, показал себя противником России, в октябре 1806 г. ханство его было передано Джафар Кули-хану Хойскому.

Шахназаряна, и он ожидал лишь удобного момента, чтобы сокрушить Ибрагим-хана. Он начал вести тайную переписку с меликом Межлумом, меликом Абовом и меликом Рустамом, которые также враждебно относились к хану.

XXVIII

Одновременно со второй русско-турецкой войной (1787-1791) началась и война со шведами. Русское правительство было так занято этими войнами, что не имело никакой возможности позаботиться о христианах Закавказья, хотя последние непрестанно сообщали о своем бедственном положении. Князь Потемкин и архиепископ Овсеп принимали участие в русских походах, так что и они, крайне заинтересованные в закавказских делах, в то время вряд ли могли осуществить свои намерения.

А пока шли эти войны, в Карабахе, как мы видели, произошли печальные события. Ибрагим-хан, перехватив переписку армянских меликов с русскими, начал преследовать их. По приказу того же хана был убит католикос Ованес, разграблен монастырь Гандзасар, изгнан мелик Вахтам и убиты два мелика Хачена из рода Хасан-Джалалянов. Однако самым драматичным было то, что два наиболее видных мелика — Межлум и Абов — вместе со своими подданными покинули Карабах, и там остались только мелики, сочувствующие хану или боящиеся его.

Все эти события вынудили архиепископа Овсепа вновь обратить внимание императрицы на армян.

Именно в это время архиепископ составил свою знаменитую историческую справку о сношениях владетельных меликов Карабаха с русским правительством, начиная со времен Петра Великого, об оказанных ими важных услугах. Упомянутая справка через князя Потемкина была представлена императрице 23 января 1790 года.

Справка возымела сильное действие. Только война с османами помешала императрице немедленно приступить к решительным действиям в пользу христиан Закавказья. Поэтому на все настойчивые просьбы энергичного архиепископа ему отвечали, что пожелания его будут исполнены, однако следует немного подождать.

Но тяжелая утрата привела в отчаяние как архиепископа, так и меликов Карабаха. Война с Турцией подходила к концу, когда князь Потемкин был отозван с поля сражения в Санкт-Петербург, а затем послан для переговоров с турками об условиях перемирия (1791). В начале осени того же года он скончался. Его смерть повергла в скорбь архиепископа Овсепа. Ничто не могло утешить святейшего: он считал, что возводимое им дело рухнуло и под его обломками погибли и его самые заветные упования...

29 декабря 1791 года был подписан мирный договор между Россией и Турцией. Императрица вновь вспомнила о Закавказье. В это время и армяне и грузины находились в большой тревоге. В Персии усилился скопец Ага-Мамат-хан, который в течение нескольких лет совершал непрерывные набеги на Араратскую область, угрожая и Грузии. Грузинский царь Ираклий, с одной стороны, и армяне Тифлиса — с другой, ожидая нашествия варваров, взывали о помощи. Высочайшим повелением от 4 сентября 1795 года графу Гудовичу[117] было приказано двинуть русские войска на помощь Грузии. Но он опоздал...

XXIX

Нашествия Ага-Мамат-хана

После ослепленного мятежниками Шахроха в Персии на протяжении восьми лет царила смута, власть переходила от одного самозваного правителя к другому, которые, непрестанно воюя друг с другом, превратили страну в обширное поле кровавой брани. Это были Карим-хан Зенд, Али-Мурад-хан, Азат-хан, Мохаммед Хасан-хан и др.

Победителем в конце концов стал лористанский Карим-хан Зенд, ставший правителем, но не шахом Персии. В это же время в городе Ширазе, ставшем его резиденцией, содержался в качестве заложника оскопленный Ага-Мамат-хан — сын упомянутого Мохаммеда Хасан-хана Каджара из Мазандарана.

После смерти Карим-хана (1779) Ага-Мамат-хан бежал из Шираза в Мазандаран, собрал значительное войско и поднял восстание. Захватив Арагистан, Ага-Мамат-хан объявил себя шахом и обосновался в Тегеране[118].

---

[117] Гудович, Иван Васильевич (1741-1820) — русский генерал фельдмаршал, видный полководец. Участвовал в русско-турецких войнах во второй половине XVIII в. В 1806 г. был назначен главнокомандующим Кавказской линией в Грузии. В русско-персидских (1804-1813 гг) и русско-турецких (1806-1812 гг.) войнах руководил военными действиями русских войск на Кавказе. В 1808 г возглавил поход русских войск на Ереванскую крепость.

[118] С рода Ага-Мамат-хана началось правление ныне царствующей в Персии династии.

Весной 1795 года Ага-Мамат-хан совершил поход из Тегерана в Атрпатакан, захватил эту обширную персидскую область, взял Тавриз и другие города, а затем послал своего брата Али-Кули-хана в сторону Еревана. Этот последний, овладев Нахичеваном, в июле того же года расположился у стен Еревана. Эчмиадзинский католикос Гукас[119] в страхе явился к нему и, вручив ценные подношения, умолял пощадить монастырь. Брат шаха с почестями принял католикоса и обещал не наносить ущерба ни храму, ни армянам, если те останутся верны Персии.

Ереван сдался без боя: местный хан, отдав в заложники свою жену и детей, обещал покорность. В это время сам Ага-Мамат-хан другим путем направился в Карабах, чтобы оттуда отправиться в Тифлис. Он перешел реку Ерасх через Худапиринский мост и послал весть брату, дабы тот прервал поход на Ереван и поспешил к нему. Цель у них была одна — захватить Грузию и наказать царя Ираклия.

Следует иметь в виду, что в то время, как и раньше, Грузия была персидской областью, платящей ей дань. Часть ее находилась в руках османов, а в Ахалцихе правил турецкий паша. И когда Ираклий, чтобы освободиться от персов, передал Грузию под покровительство русских, подобное его поведение не могло не вызвать гнев персидского шаха, для которого Грузия была лишь частью персидского государства, а грузинские цари — назначенные персидским двором правители, или вали.

Ага-Мамат-хан намеревался пройти к Тифлису через Карабах и Гандзак. Нашествие грозного шаха должно было нанести новый и ужасный удар по замыслам меликов Карабаха и уничтожить их надежды на освобождение родины. Они задолго уведомили русских об ожидаемом походе скопца в Армению и Грузию[120]. И хотя графу Гудовичу было приказано двинуть свои войска на помощь армянам и грузинам, но армия Ага-Мамат-хана уже заняла крепость Шуши, а граф так и не появился.

Следует иметь в виду, что хотя Ага-Мамат-хан и предпочитал называться прежним титулом «хан», но он уже был, по существу, самозваным шахом Персии. Ему были известны настроения карабахских меликов, их сношения с русскими и обещания последних, данные армянам. Ему известно было и о деспотизме Ибрагим-хана и его злодеяниях по отношению к армянам. Поэтому, еще не переправившись

---

[119] Гукас (Гукас Карнеци, 1730-1799) — католикос всех армян с 1780 г, неоднократно обращался к русскому правительству за помощью, хотя вел очень осторожную политику, чтобы не повредить интересам Эчмиадзинского престола.

[120] Ага-Мамат-хан несколько раз собирался предпринять поход в Армению и Грузию, но не имел времени перейти реку Ерасх, ибо в глубинах Персии вспыхивали все новые восстания, и он вынужден был возвращаться для их подавления.

через Ерасх, он обратился к меликам Карабаха, призывая их к повиновению, обещая вновь утвердить их в прежних правах и владениях и уничтожить Ибрагим-хана.

Ага-Мамат-хан был жестоким, но в то же время мудрым политиком. Он прекрасно понимал, что русские, ведомые армянами, могут с легкостью проникнуть в его владения, и поэтому, удовлетворяя армянских меликов, надеялся пресечь продвижение русских в Персию.

Но армянские мелики предпочли остаться верными русским и даже решили объединиться со своим врагом Ибрагим-ханом для совместной борьбы с Ага-Мамат-ханом. Они предполагали, что впоследствии Ибрагим-хана можно будет легко устранить, а от персидского ига, в случае подчинения Ага-Мамат-хану, избавиться будет невозможно. Только мелик Межлум Мелик-Исраелян не разделял этого мнения.

Мелик Джумшуд Мелик-Шахназарян и мелик Абов Мелик-Бегларян со своими силами укрепились в крепости Шуши и вместе с Ибрагим-ханом начали защищать крепость.

Осада крепости продолжалась сорок дней. Мужество армянского и тюркского войска, сочетавшееся с естественной неприступностью крепости, свели на нет все усилия Ага-Мамат-хана и не позволили взять крепость приступом.

В рядах армии Ага-Мамат-хана находились также заклятые враги Ибрагим-хана — мелик Межлум Мелик-Исраелян и гандзакский Джавад-хан со своими войсками.

Поведение мелика Межлума нуждается в объяснении.

Мелик Межлум был благородным молодым человеком, но крайне мстительным и неразборчивым в средствах в борьбе с врагами. Мы помним о той угрозе, которую он, покидая оскорбленным Тифлис, передал через грузинских возчиков царю Ираклию: «Передайте вашему царю, что мелик Межлум не забудет его гостеприимства...».

Постоянный обман и предательства ожесточили его. После смерти отца он на протяжении многих лет воевал с Ибрагим-ханом. Ему давали обещания, сулили помощь, но всякий раз обманывали... Наконец, большие надежды он связывал с приглашением в Тифлис, но Ираклий вместо того, чтобы выполнить свои обещания, намеревался арестовать гостя и передать в руки его врага Ибрагим-хана...

Из предшествующих глав мы знаем, что обманутый, отчаявшийся мелик Межлум нашел прибежище у своего давнего друга — гандзакского Джавад-хана. Его подданные покинули Карабах и поселились на земле того же хана. Изгнанный с родины князь Джраберда жил вместе со своими людьми на чужбине в качестве временного гостя, а на его собственной земле хозяйничал Ибрагим-хан...

Мелик Межлум был умен. Он хорошо понимал, что если его предки имели и сумели сохранить в горах Карабаха независимое армянское княжество, — то это удалось им благодаря помощи не христианских монархов, а персидских шахов. Поэтому, когда Ага-Мамат-хан, переправившись через реку Ерасх, обратился к армянским меликам с призывом объединиться против Ибрагим-хана, только мелик Межлум, несмотря на отказ других меликов, последовал его призыву.

Надо признаться, что, помимо общих интересов, мелик Межлум преследовал и свои собственные цели. Он издавна враждовал с Ибрагим-ханом, теперь же его врагом стал и царь Ираклий — с помощью Ага-Мамат-хана он хотел покарать и того, и другого.

Но осада крепости Шуши продолжалась долго. В этой крепости, ставшей причиной разложения меликств Карабаха, теперь те же мелики сражались против персидского шаха, который обещал восстановить их власть и права, если они покинут Ибрагим-хана и перейдут на его сторону.

Мелик Межлум, чтобы не терять времени, посоветовал шаху снять осаду крепости Шуши и двинуться на Тифлис, а Шуши, считал он, позже сдастся сама собой, Ага-Мамат-хану совет мелика Межлума показался разумным, и он, оставив часть войск у крепости Шуши, с основными силами направился к Тифлису. Предводительствовали ими мелик Межлум и Джавад-хан.

XXX

Ага-Мамат-хан еще не покинул пределов Гандзака, а Тифлис был объят ужасом. Ираклий призвал своих дворян и приказал им подготовиться к встрече с врагом. Но на его призыв никто не обратил внимания. Дворяне были заняты своими пирами. На помощь ему пришел лишь царь Имеретии Соломон с несколькими тысячами своих воинов.

Но следует сказать, что робость Ираклия привела в отчаяние его войско. Он отправил свою семью в глубь Грузии. Увидев это, военачальники, и воины стали требовать, чтобы и им разрешили до начала сражения увезти свои семьи в безопасное место. Но уехавшие более не возвращались. Таким образом, еще до встречи с противником большая часть войска рассеялась.

С оставшейся частью армии Ираклий выступил из Тифлиса и, расположив свой лагерь у реки Инджа близ Казаха, стал ждать противника. Однако когда он услышал, что Ага-Мамат-хан миновал

Гандзак, оставил свои позиции, вновь возвратился в город и начал по возможности укреплять его. Но пришедшие ему на помощь имеретинцы еще до появления противника начали грабить горожан.

12 сентября 1795 года Ага-Мамат-хан подошел к деревне Соганлуг и, расположив здесь лагерь на ночь, ранним утром напал на Тифлис. Ираклий выступил ему навстречу, но после короткой схватки грузины были разгромлены и бежали обратно в город. В это время часть персидских войск под предводительством мелика Межлума вступила в город со стороны Сололак, а другая, возглавляемая Ага-Мамат-ханом, — со стороны бань. Ираклий с одним из погонщиков мулов бежал через Авлабарский мост в Кахетию и затаился в горах. А его трусливое войско было рассеяно.

Беззащитный город был отдан в руки жестоких персов. Целых восемь дней продолжались избиения и погромы. Ага-Мамат-хан, захватив с собой 12 тысяч пленных, покинул разоренный город. Мелик Межлум отомстил князю Ираклию, но его жестокость нельзя оправдать ничем. До сих пор из уст авлабарских женщин можно услышать следующее проклятье:

> Да превратится мелик Межлум в собаку,
> Джавад-хан — в маленького щенка,
> Пусть из рода мелика Межлума
> В Шуши не останется ни одного[121]...

Поскольку Ага-Мамат-хан своими победами в значительной степени был обязан мелику Межлуму, то на обратном пути, во время первой же остановки, он приказал своим военачальникам отдать часть добычи его людям, сказав при этом: «Принадлежавшее христианину отдайте христианину». Всадники мелика Межлума расстелили попоны по земле, и персы высыпали на них кресты, церковные сосуды и одеяния, награбленные в тифлисских храмах. Мелик Межлум повелел отправить все обратно в Тифлис, но этот его поступок не смягчил сердца тифлисцев...

Шах пожаловал мелику Межлуму три привилегии:

1) право беспрепятственно входить к нему в любое время; 2) любое

---

[121] Приведенные Раффи строки взяты из стихотворения «Элегия на взятие Тбилиси Ага-Магочет-ханом», принадлежащего армянскому поэту, очевидцу разорения Тбилиси Шамчи-Мелко (см. Л. Меликсет-Бек «Шамчи Мелкон и его армянские песни», Ереван, 1958, с 56-59, на арм. яз.). Полный русский подстрочный перевод стихотворения см. в книге В. Налбандяна «Тбилиси в армянских литературных памятниках древних и средних веков», Ереван, 1961.

его желание должно выполняться; 3) неограниченное право пользоваться шахской сокровищницей.

Но мелик Межлум был человеком столь гордым и бескорыстным, что, отказавшись от всех милостей, попросил шаха только помочь ему уничтожить крепость Шуши и восстановить права меликов Карабаха. Шах решил немедленно отправиться в Карабах, взять приступом крепость Шуши и выполнить пожелание мелика Межлума. Но, к сожалению, в это время возникли волнения в Кандагаре и Герате, и он вынужден был поспешно вернуться в Персию, чтобы подавить вспыхнувшие восстания. Джавад-хану и мелику Межлуму он наказал ждать его скорого возвращения.

Джавад-хан и мелик Межлум направились обратно в Гандзак, а шах другим путем вернулся в Персию.

Спустя 25 дней после захвата Тифлиса Ираклий вступил в испепеленный город.

XXXI

После ухода Ага-Мамат-хана Ираклий, сообщив императрице Екатерине о происшедшем несчастье, вновь попросил у нее помощи. Все с ужасом ожидали нового появления этого злодея.

Нашествие Ага-Мамат-хана нанесло сильный удар по русским интересам на Востоке. Русские пытались распространить свое влияние не только на христиан, но и на мусульман Закавказья. Но Ага-Мамат-хан полностью разрушил их планы. Еще в 1783 году стараниями князя Потемкина Грузия признала верховенство России и перешла под ее покровительство. Понятно, какой урон был нанесен авторитету русских, не сумевших защитить страну, которую они приняли под свое покровительство и которой так много было обещано.

Для поддержания своего авторитета русские вынуждены были предпринять новый поход против персов, Манифестом от 19 февраля 1796 года генералу графу В. А. Зубову [122] предписывалось оказать помощь христианам Закавказья. В том же манифесте указывалось, что Россия поднимает оружие во имя освобождения угнетенных народов.

Глава армянской церкви в России архиепископ Овсеп, как видно из его утешительных писем к царю Ираклию, был крайне озабочен и угнетен

---

[122] Зубов, Валериан Александрович (1771-1804) — генерал-майор, в 1796 г главнокомандующий войск на Кавказе. Брат П. А. Зубова — фаворита Екатерины II.

варварскими действиями Ага-Мамат-хана и разрушением Тифлиса. Но новый поход русских войск в Персию вновь придал ему силы, возродил его надежды на освобождение родины.

Русское правительство пригласило архиепископа Овсепа лично принять участие в походе. Престарелый, немощный архиепископ был готов на любые жертвы, на любые лишения, только бы увидеть победу русского оружия, того оружия, которое было поднято во имя освобождения христиан Закавказья и должно было принести им мирную жизнь.

В марте 1796 года в Кизляре состоялась встреча архиепископа с графом Зубовым, на которой обсуждались необходимые приготовления к походу. Отсюда архиепископ отправил тайные послания к армянским меликам, в которых сообщал о скором приходе русских войск и призывал оказать им необходимую помощь оружием и провиантом. Помимо частных писем, им был отправлен царский манифест, обращенный к населению Закавказья и Персии. Перевод этого манифеста на армянский язык был отпечатан в Астрахани, и несколько тысяч его экземпляров было распространено среди армян.

Весной того же года русская армия выступила из Кизляра.

Зубов подошел к Дербенту (в мае месяце), и хотя местный Ших-Али-хан, сын Фатали-хана, готовился оказать сопротивление, но армянское население Дербента помогло Зубову овладеть городом и отдало Ших-Али-хана в его руки. Русские с помощью армян захватили Дербент почти без боя.

Зубов, взяв с собою Ших-Али-хана, из Дербента направился к Кубе. Куба также была взята без кровопролития. Здесь во время конных состязаний, на которых присутствовал сам Зубов, Ших-Али-хан стегнул своего коня и скрылся в направлении Персии. Никто не смог догнать его. Он был схвачен в Баку, когда этот город без боя сдался русским.

В июле месяце того же года Зубов подошел к городу Шемаха. Местный Мустафа-хан приготовился дать сражение. Но архиепископ Овсеп лично отправился к нему и убедил, что сопротивление бесполезно и лучше принять русское подданство без кровопролития. Мустафа-хан согласился принять предложение архиепископа, но когда от него потребовали надежного заложника, он отказался от своего обещания и обратился к шушинскому Ибрагим-хану с предложением объединиться с ним в борьбе против русских. В это время (в августе месяце) архиепископ был вновь послан к Мустафа-хану и встретился с ним в храме св. Степаноса. На сей раз архиепископу удалось до конца выполнить свою посредническую миссию, и Шемаха без кровопролития перешла в руки русских.

С легкостью захватив вышеупомянутые города. Зубов, чтобы облегчить тяготы зимы, перешел в Муганскую степь и перезимовал в Сальянах.

Весной следующего года Зубов направился в Гандзак.

В Гандзаке в это время находился мелик Абов. До прихода русских войск мелик Абов, по совету архиепископа Овсепа, сумел убедить Джавад-хана сдаться русским без боя. Джавад-хан подготовил свой дворец и приветливо принял в своем городе и графа Зубова, и архиепископа Овсепа.

Джавад-хан принес в дар его высокопреосвященству частицу Животворящего посоха, который был перевезен из Ахпата в Тифлис и во время разграбления города попал в руки персидских воинов, у которых его выкупил хан.

В это время шушинский Ибрагим-хан, видя, как армяне всем сердцем и душой поддерживают русских, как покорились мусульманские ханы других областей, отчаявшись, послал своего сына Абдул-Фатих-хана к графу Зубову с известием о своем подчинении. Граф любезно принял его сына и с почестями отправил обратно, передав с ним дары Ибрагим-хану, а также ценный посох главе мусульманского духовенства крепости Шуши молле Панаху.

Дружественные жесты графа по отношению к шушинскому деспоту несколько поколебали доверие армянских меликов Карабаха к русским. Они ожидали совершенно иного, они надеялись, что власть Ибрагим-хана будет уничтожена и в Карабахе вновь восстановится исконная власть меликов. Для этого и шли мелики на любые жертвы ради утверждения русского господства. Но архиепископ Овсеп успокоил их, убеждая, что это лишь временная политическая игра и Ибрагим-хан недолго будет оставаться на своем месте, что мелики вновь, как всегда, будут править Карабахом и т. д.

Возможно, упования архиепископа не были безосновательными, возможно, все так и было бы, но, видимо, провидение решило покарать армян за их грехи...

Внезапно было получено известие о кончине императрицы Екатерины (6 ноября 1796 года). И пока граф Зубов проводил последние приготовления к походу, был получен приказ о возращении в Россию. С ним покинули Закавказье и русские войска (весной 1797 года).

Можно понять отчаяние архиепископа Овсепа: его милостивая императрица умерла, и все его возвышенные идеи, одушевленный которыми он вел русские войска, все его проекты спасения родины рухнули. Он, безутешный, с разбитым сердцем, тоже вернулся в Россию.

XXXII

Совершенно иначе объясняли уход русских войск мусульмане Закавказья. Из Персии доходили слухи, что Ага-Мамат-хан готовится к новому походу в Закавказье. Поэтому уход русских объяснялся их трусостью. Якобы русские сбежали, прослышав о приходе шаха. Хотя это предположение было лишь плодом воображения тщеславных мусульман, тем не менее уход русских нанес сильный удар по христианам Закавказья, прежде всего по армянам.

Мы видели, с какой энергичностью, с каким самопожертвованием способствовали армяне победе русского оружия. Правящие ханы всех областей сдавались практически без сопротивления. Почему? Потому что народ повсюду был против ханов и на стороне русских. Само собой разумеется, что эти ханы и мусульмане вообще после ухода русских должны были обрушить свою месть на армян.

Мы видели, что армянское население Кубы и Дербента открыло ворота своих городов перед русской армией и, схватив местного Ших-Али-хана, передало его генералу Зубову. Естественно, после ухода русских те же армяне не могли более оставаться на своих местах: в глазах мусульман и ханов они стали предателями. И поэтому почти все армяне Дербента и Кубы вынуждены были уйти вместе с русской армией в Россию. Из них более тысячи семей граф Зубов поселил в Кизлярской области.

Шемахинский Мустафа-хан, также обиженный на армян своего города из-за проявленного ими сочувствия к русским, начал преследовать их. Он приказал убить вардапета Ованеса, который побуждал армян выступать против хана.

Только Ибрагим-хан затаился, храня в своем сердце ненависть к карабахским меликам. Он был хитроумным и знающим свое дело человеком: он еще нуждался в меликах. С одной стороны, ожидался новый поход Ага-Мамат-хана в Карабах, а с другой — Ибрагим-хан собирался отомстить мелику Межлуму, который, объединившись с Ага-Мамат-ханом, осадил его Крепость Шуши.

XXXIII

Грузинский царь Ираклий не забыл об участии мелика Межлума и Джавад-хана в разорении Тифлиса. Шушинский Ибрагим-хан также не забыл, что они же, ведя за собой Ага-Мамат-хана, осадили его крепость и нанесли ему огромный урон. Поэтому оба, объединившись, стремились отомстить своим заклятым врагам.

Спустя месяц после занятия графом Зубовым Дербента (апрель 1796 года) Ираклий с грузинским и нанятым лезгинским войском, а также с частью находившихся в Тифлисе русских войск, и Ибрагим-хан с армянским и русским войском Карабаха осадили крепость Гандзак. На помощь им пришел и аварский Омар-хан.

В армии Ибрагим-хана находился и мелик Рустам; кроме него, никто из меликов Карабаха не принял участие в походе. Этот непостоянный человек, как мы видели в XXVII главе, поссорился из-за своей жены с Ибрагим-ханом, но впоследствии ради борьбы с меликом Межлумом вновь примирился с ним. Он издавна враждовал с меликом Межлумом, так как последний, о чем мы рассказали в главе XXVI, приказал казнить брата и зятя мелика Рустама.

В крепости Гандзак находился и мелик Межлум, ближайший друг местного Джавад-хана. Кроме него, в крепости находились и обороняли ее армянские мелики Гандзакского ханства. Из восьми башен крепости четыре находились под защитой армян, остальные защищал сам Джавад-хан.

Осада длилась долго, более четырех месяцев. Огромное русское, тюркское, грузинское и лезгинское войско окружило крепость и непрерывно атаковало ее, но осажденные мужественно сопротивлялись. В конце концов царь Ираклий, отчаявшись, послал к Джавад-хану секретную делегацию с предложением выдать ему мелика Межлума и заключить мир.

Джавад-хан с глубоким презрением ответил, что так поступить мог бы сам Ираклий, а он не может выдать своего друга и союзника. Ответ этот содержал намек на неблагородное отношение грузинского царя к мелику Межлуму во время пребывания последнего в Тифлисе...

Получив этот ответ, Ираклий и Ибрагим-хан усилили натиск. Обе стороны бились ожесточенно, но взятие крепости становилось все менее вероятным. Противник начал грабить и разорять деревни, расположенные в окрестностях Гандзака.

Особую доблесть в боях проявили два мужественных воина мелика Межлума — Дали-Махраса (вардапет Аваг) и Тюли-Арзуман: первый, сражаясь против лезгин, а второй — против грузин. Во главе своих отрядов они множество раз совершали вылазки из осажденной крепости, внезапно нападали на противника и, нанеся ему огромный урон, возвращались в крепость. Но оба храбреца пали жертвой своей дерзости: Тюли-Арзуман был сражен пулей в схватке в садах Гандзака, а Дали-Махраса, как описано нами в XII главе, был убит на гандзакском кладбище. Потеря этих героев причинила глубокую боль мелику Межлуму.

Прошло три месяца, а крепость бесстрашно сопротивлялась. В это время некий старик, выбравшись из лагеря противника, проник в крепость и подошел к одной из башен, защищаемых армянами. Появление старика оказало магическое воздействие на стражей башни, которых насчитывалось несколько сот, и ночью все они восстали и попытались отворить ворота крепости перед противником. Мелик Межлум, прослышав об этом, поспешил подавить восстание. В ночном столкновении он получил пулевое ранение и был перенесен во дворец Джавад-хана. Старик был схвачен. Кто же был этот злодей?

Это был отец католикоса Исраела Апрес-ага. Его помазанный сын изменил делу армянских меликов Карабаха: перехватив их переписку и передав ее в руки Ибрагим-хана, он стал причиной гибели Карабаха. А теперь его престарелый отец сыграл ту же подлую роль. Его зять[123] — мелик Рустам, находился в армии противника, и Апрес-ага хотел оказать услугу ему и Ибрагим-хану.

На рассвете следующего дня Джавад-хан приказал отрубить голову Апрес-аге и послать ее в лагерь противника мелику Рустаму. Многие из восставших также были наказаны.

Мелика Межлума выхаживали во дворце Джавад-хана. Но на третий день он скончался. Джавад-хан две недели хранил тело покойного в своем доме, его посещал лекарь, в положенное время носили обед и ужин, и каждый день Джавад-хан радостно сообщал армянским воинам, что мелик Межлум скоро выздоровеет. Тем самым Джавад-хан хотел поддержать боевой дух армянского войска до тех пор, пока он не покончит с врагами.

Уже заканчивался четвертый месяц осады крепости Гандзак, когда Джавад-хан, не идя ни на какие уступки, заключил мир с противником. Ибрагим-хан удалился в Карабах, Ираклий — в Тифлис, а Омар-хан — в Дагестан. О смерти мелика Межлума они узнали только тогда, когда мирное соглашение было уже подписано.

Несмотря на то, что армяне осуждали мелика Межлума за его участие в разорении Тифлиса, Джавад-хан, из уважения к памяти покойного друга, пренебрег недовольством армян и приказал торжественно захоронить его тело в правосторонней ризнице церкви Гандзака. В притворе той же церкви похоронены Дали-Махраса (вардапет Аваг) и Тюли-Арзуман.

Джавад-хан взял под свое попечительство единственного сына мелика Межлума мелика Атама II.

---

[123] Дочь Апрес-ага Вард-хатун была женой мелика Рустама.

Его отец, еще во время пребывания в Тифлисе, обручил сына с младшей дочерью именитого тифлисского дворянина Яссе [124] — красавицей Рехан. Когда Джавад-хан после смерти мелика Межлума послал в Тифлис сватов, ее отец вместо Рехан отдал им свою старшую дочь Тамар, довольно непривлекательную девушку. Вследствие этого неудачного брака мелик Атам II прожил недолго; он умер в молодом возрасте, оставив после себя дочь Саар-наз.

А Тамар, хотя и не была красавицей, но была женщиной умной и ловкой. После смерти мужа она довольно долго управляла наследством Мелик-Исраелянов и их подданными, которые в то время находились в области Гандзак. Затем, выдав замуж свою дочь Саар-наз за Саи-бека, сына нахичеванского Асри-бека, Тамар поселила его у себя дома, и наследство Мелик-Исраелянов перешло в руки этого Саи-бека, который взял себе и родовое имя жены.

XXXIV

Со смертью мелика Межлума Джавад-хан потерял своего верного союзника, а Карабах лишился своего храброго патриота. Он унес с собой в могилу широкую и основательную программу восстановления меликств Карабаха, которая значительно отличалась от программы других меликов и архиепископа Овсепа. Однажды, когда его храбрый сподвижник Дали-Махраса (вардапет Аваг) осмелился попрекнуть его участием в разорении Тифлиса, молодой мелик с горечью ответил ему: «Достаточно нас обманывали... до каких пор мы будем соблазняться иллюзиями... наши доброжелатели сталкивают нас со своими врагами, а сами извлекают выгоду... У нас более причин доверять персидскому шаху, чем другим. Шах Аббас утвердил права меликств Карабаха, Надир подтвердил их, а Ага-Мамат-хан обещал мне больше, чем его предшественники...»[125].

Но каковы бы ни были обещания Ага-Мамат-хана, мелик Межлум уже не мог извлечь из них пользы. Его враги — Ибрагим-хан и царь Ираклий — хорошо понимали это и поэтому постарались уничтожить мелика Межлума еще до возвращения Ага-Мамат-хана.

Подавив восстание в Герате и Кандагаре, Ага-Мамат-хан еще наслаждался славой в своем новом престольном городе Тегеране, когда

---

[124] Мы не знаем, к какому армянскому дворянскому роду принадлежал этот Яссе.
[125] В одной старой рукописи можно прочесть, что Ага-Мамат-хан обещал мелику Межлуму не только уничтожить Ибрагим-хана и восстановить меликства Карабаха, но и передать ему управление Грузией.

получил от гандзакского Джавад-хана письмо с описанием событий, происшедших в Закавказье. Автор письма уведомлял его о походах графа Зубова и о принятии ханами русского подданства, о неожиданном возвращении графа Зубова в Россию, о союзе царя Ираклия и Ибрагим-хана, об осаде двумя упомянутыми союзниками его крепости Гандзак и, наконец, о смерти мелика Межлума, любимца шаха. Узнав обо всем этом, Ага-Мамат-хан летом 1797 года совершил новый поход в Закавказье.

Не успел он перейти реку Ерасх, как Ибрагим-хан, понимая, что не в силах противостоять огромной армии персов, тем более не надеясь, что и на этот раз армянские мелики окажут ему поддержку, собрал свою семью и ночью, покинув крепость Шуши, бежал в Белакан к своему тестю Омар-хану.

Армянские мелики также находились в смятении. Они еще во время первого похода Ага-Мамат-хана отвергли предложение шаха принять покровительство Персии, хотя тот обещал свергнуть Ибрагим-хана и восстановить власть меликов Карабаха. Но мелики оказались столь недальновидными, что встали на сторону Ибрагим-хана и, как об этом рассказано в главе XXIX, всеми силами защищали его и крепость Шуши от могучей армии шаха. Как же они должны поступить теперь, когда тот же шах напал на Карабах с еще большими силами?

Войско меликов — это их народ, но народ стал разбегаться и не столько из страха перед Ага-Мамат-ханом, сколько в ужасе перед новым безжалостным врагом — голодом, с последовавшей за ним эпидемией.

Мы далее расскажем о тех ужасных последствиях, которые принесли голод и эпидемия, наряду с политическими событиями, армянским княжествам Карабаха, а сейчас лишь отметим, что мелики, как бы они тогда ни желали, не могли оказать сопротивление Ага-Мамат-хану, ибо подданные их в это время думали только о хлебе и устремлялись туда, где можно было найти пропитание.

Не успел еще Ага-Мамат-хан достичь крепости Шуши, как мелик Абов Мелик-Бегларян отправился в сторону Грузии, а мелик Джумшуд Мелик-Шахназарян пытался уйти в Тифлис, но по пути, встретив отряды Ага-Мамат-хана и вступив с ними в схватку, был ранен в голову. Его, раненого, доставили к Ага-Мамат-хану, когда тот уже расположился лагерем у развалин Аскерана, на расстоянии нескольких миль от крепости Шуши.

Двадцать тысяч туманов еле помогли спасти голову мелика Джумшуда от рук шахских палачей. Разорив его дом и разграбив имущество, шах помиловал мелика.

Мелик Джумшуд лично сопровождал шаха к крепости Шуши, которая без сопротивления отворила свои ворота перед персами.

Армянское духовенство торжественно выступило навстречу шаху и препроводило его во дворец Ибрагим-хана.

Во время этой торжественной церемонии внимание одного из молодых придворных шаха, которого звали Сафарали-бек, привлек образ св. Богородицы в позолоченной рамке с младенцем Иисусом у груди. Он спросил: чье это изображение? И когда ему ответили, он подошел и поцеловал. В глазах его при этом показались слезы, но слезы эти стали причиной потоков крови...

Ага-Мамат-хан оставался в Шуши 25 дней. Он решил наказать всех армянских и тюркских старшин, которые во время первой осады помогали Ибрагим-хану защищать Шуши. В их числе были мелик Рустам, мелик Алахверди Мелик-Мирзаханян, некоторые армянские священнослужители, сотники и танутэры. В их числе были и племянник Ибрагим-хана Мамад-бек и другие беки. Все они были схвачены.

Ночью перед казнью к шаху вошел упомянутый выше придворный — юный Сафарали-бек. Шах так благоволил к нему, что он осмелился, целуя ноги шаху, просить помилования осужденных. Получив отказ, он стал просить помиловать хотя бы армян. Последняя просьба вызвала гнев шаха. Он сказал: «Оросив красной кровью «черный сад»[126], я превращу его в розовый сад. ...Утром из голов этих предателей я сооружу на площади башню, а твою голову, Сафарали-бек, я прикажу поместить на ее вершине...».

Юноша в ужасе вышел из комнаты. Он знал о жестокости шаха, он знал, что угрозу свою тот обязательно осуществит. У него возник недобрый замысел...

В ту же ночь он встретился с другим придворным, своим близким другом. Звали последнего Аббас-бек. Еще до рассвета оба вошли в спальню шаха. Аббас-бек, утратив присутствие духа, потерял сознание и свалился на пол. Шах спал глубоким сном, в четырех углах его роскошного ложа еще горели светильники. Сафарали-бек подошел и несколькими ударами кинжала завершил дело.

Утром по всей крепости разнеслась весть об убийстве Ага-Мамат-хана. Но никто не верил этому, пока тот же Сафарали-бек не вышел из дворца с отсеченной головой шаха в руках и бросил ее на площадь. В это время армянские и тюркские жители крепости ворвались во дворец и начали грабить сокровища шаха.

Персидское войско тут же оставило крепость и бежало в Персию. Военачальник Ага-Мамат-хана Садек-хан едва сумел задержать одного из цареубийц — Аббас-бека, а другой — Сафарали-бек — сумел скрыться.

---

[126] Карабах по-турецки означает «черный сад».

Нам неизвестно, к какой национальности принадлежал этот цареубийца, но в рукописи, написанной в одном из монастырей Карабаха, утверждается, что Сафарали-бек был армянином. В детстве он был захвачен в плен, увезен в Персию и там силой обращен в магометанство. Но в его сердце не угасли те искры национального и религиозного чувства, которые воспламенились в тот момент, когда он при вступлении в крепость Шуши увидел шествие армянских священнослужителей и поцеловал образ святой Богородицы[127].

Несмотря на то, что весть об убийстве Ага-Мамат-хана разнеслась повсюду, Ибрагим-хан не осмеливался вернуться в крепость Шуши. Воспользовавшись его отсутствием, в крепости стал править сын его брата Мамад-бек. Этот Мамад-бек предложил мелику Рустаму объединиться против Ибрагим-хана с тем, чтобы во главе армянского населения Карабаха встал мелик Рустам, а во главе тюркского — сам Мамад-бек.

Армяне обычно преданны чужим и неверны своим соплеменникам, — поэтому мелик Рустам отверг предложение Мамад-бека и остался верен Ибрагим-хану, который принес столько несчастий армянскому народу Карабаха.

Мелик письмом оповестил Ибрагим-хана обо всех происшедших событиях, обещал ему свою помощь и торопил как можно скорее вернуться из Белакана и вновь взять власть в Шуши. Ибрагим-хан не решился приехать сам, а послал своего сына Мехти-хана. Мелик Рустам со своим конным отрядом встретил его на полпути и, проводив ночью в крепость Шуши, ввел его прямо во дворец отца, в котором в то время жил Мамад-бек.

---

[127] Приведем несколько строк из упомянутой рукописной истории: «Он (Ага-Мамат-хан) вступил с войском в крепость Шуши. Армяне в страхе послали ему навстречу духовенство, с крестами и хоругвями. И когда увидел армян великий деспот, спросил ближайших придворных своих: «Кто это в столь прекрасных одеяниях, в пышном убранстве идет навстречу нам?» И те, кто был сведущ в этом, ответили: таков древний обычай армян — выходить навстречу царям и величать их, чтобы вызвать сострадание и милость к их несчастному народу. Получив этот ответ, утешал и ободрял он народ наш многострадальный, но внешне только, ибо замыслил подлое в уме своем.

Пока говорил тиран с князьями нашего народа, рядом с ним был юноша, приближенный к нему, и все было в руках его, и ел он с его рук. Юноша этот был армянин, давно попавший в плен и подаренный шаху. В этот момент он увидел образ Богородицы и младенцем Иисусом на руках, написанный золотом и великолепно украшенный. И спросил юноша: «Чье это изображение?» Ему ответили, и тогда вспомнил он о страданиях народа нашего...»

Далее в рукописи подробно говорится о причинах, побудивших юношу убить шаха.

103

Мамад-бек, уже считая себя хозяином крепости, принял Мехти-хана как гостя. Но мелик Рустам, не теряя времени, выставил у его дверей армянских стражников и арестовал Мамад-бека.

Тот же мелик Рустам, который в том же году вместе с Ибрагим-ханом осадил крепость Гандзак и приказал убить мелика Межлума, — тот же мелик Рустам теперь, арестовав Мамад-бека и защитив сына Ибрагим-хана, вновь утвердил власть тиранов Карабаха, причем в такое время, когда создались исключительно благоприятные условия для их уничтожения...

Когда в крепости Шуши все успокоилось, Ибрагим-хан возвратился из Белакана. Мамад-бек сумел бежать из тюрьмы и перебрался к шемахинскому Мустафа-хану. Беженца вернули, выколов ему оба глаза.

Уместно сказать и несколько слов о том, что стало с цареубийцей Сафарали-беком.

После убийства Ага-Мамат-хана персидский престол унаследовал Фатх Али-шах.

Ибрагим-хан, стремясь доказать, что убийство это совершилось не только не по его воле, но и вопреки ей, арестовал Сафарали-бека и выслал в Персию. Приведем несколько строк из вышеупомянутой неопубликованной рукописи: «Схватив несчастного юношу, предали его в руки кровожадных и хищных зверей. Эти изверги призвали в тот же час кузнеца и велели ему изготовить подковы по размеру ноги горемычного юноши. Он тут же выполнил их приказ. Затем, обнажив его ноги и закрепив их железными колодками, приложили смертоносные подковы к его ступням и прибили их остроконечными гвоздями. Из ран мученика ручьем лилась кровь и окрасила все вокруг него. Затем цепью сковали ему руки, ноги и шею и увезли в город Тавриз. Там судили и после многочисленных допросов приговорили к смерти. По приговору его должны были пытать, затем изрубить на куски и бросить на съедение хищным зверям и птицам. В соответствии с приговором судьи, палачи, истязая, вели его к месту казни. В этот момент приговоренный к смерти отверз свои уста и начал поносить мусульманскую религию и признался, что он христианин. Когда услышали его ругательства, набросились на него, подобно диким зверям, и каждый окрашивал кончик своего меча его кровью. Так, истязая, привели его к месту казни, которое находилось вне города. Здесь, подвергнув ужасным мучениям, изрубили его на куски и бросили их, согласно приговору, зверям и птицам.

Так как армяне давно знали, что он сын христианина и верует в Христа, они умоляли, чтобы тело мученика передали им для погребения. Сказали персы:

пусть армяне похоронят его согласно своим презренным законам.

Ибо они считали, что быть похороненным по армянскому обряду позорнее, чем быть съеденным зверями». В продолжении описывается, как ночью над его могилой воссиял свет и т.д.

Но правда заключается в том, что этот придворный испытывал особую симпатию к армянам, был хорошим другом мелика Межлума, и мелик через него оказывал влияние на Ага-Мамат-хана.

XXXV

Мы почти забыли о том, что произошло с князем Дизака меликом Бахтамом Мелик-Аваняном, который как политический преступник был сослан в персидскую крепость Ардевиль (см. гл. XXI).

С того дня прошло целых десять лет, а этот герой все еще томился в далеком заключении.

Когда Ага-Мамат-хан совершал свой последний поход в Карабах, во время которого и был убит в крепости Шуши (1797), путь его лежал через крепость Ардевиль. Здесь находится знаменитая мечеть, в которой покоится прах шейха Сефи [128] и других сефевидских царей. Согласно обычаю новых царей, Ага-Мамат-хан совершил паломничество к их могилам. После совершения этого обряда он должен был посетить заключенных в крепости и помиловать тех, кого считал достойным.

В этой крепости содержались только крупные политические преступники. Ага-Мамат-хан помиловал многих из них, в том числе и мелика Бахтама, тем более, когда узнал, что мелик Бахтам — внук мелика Аван-хана и его предки оказали Персии важные услуги.

Шах предложил мелику Бахтаму отправиться с ним в Карабах и принять правление собственным княжеством. Но мелику, хотя он и был человеком храбрым и воинственным, были свойственны религиозные предрассудки. Прожив многие годы в персидской ссылке, лишенный возможности посещать церковь и исполнять обряд воздержания, он считал себя великим грешником и преступником перед церковью. Поэтому вместо того, чтобы с войсками Ага-Мамат-хана вернуться на родину, он направился прямо в Эчмиадзин для искупления своих грехов.

Из Эчмиадзина он вернулся в Карабах в тот момент, когда Ага-Мамат-хан уже был убит в Шуши, а Ибрагим-хан правил уверенней, чем когда-либо.

Мелик нашел свою страну в бедственном состоянии: голод истреблял

---

[128] Шейх Сефиаддин Исхак (1252-1334) — основатель суфийского дервишского ордена Сефевие.

людей, и большая часть народа разбежалась. Его же судьба оказалась еще более ужасной. Ибрагим-хан, прослышав о его возвращении, начал проявлять к нему знаки дружественного участия, пока не отравил его за своим столом[129].

Княжество владетелей Дизака представляло наибольшую опасность для Ибрагим-хана. Оно, будучи расположено ближе всех к Персии, имело прямые сношения с Высочайшим диваном. Освобождение мелика Бахтама из крепости Ардевиль Ага-Мамат-ханом и убийство последнего в крепости Шуши по понятным причинам усилило страх Ибрагим-хана перед владетелями Дизака, и поэтому после подлого отравления мелика Бахтама он начал плести сети против его наследников.

Мелику Бахтаму наследовал его сын мелик Аббас.

В находящейся у нас рукописной истории содержится следующая характеристика мелика Аббаса: «В их роду (Мелик-Аванянов) еще не было мужа столь богатырского сложения и исполинского роста. Своими смелыми действиями он начал постепенно завоевывать симпатии не только всей своей страны, но и мусульман. Поэтому повсеместно распространилась слава о его храбрости и беспристрастном суде, которым карал он преступников и злоумышленников. Без сребролюбия и взяточничества творил он свой суд: приговоренных к смерти он казнил без жалости — многих вешал вдоль дорог или предавал в руки своих слуг, которые убивали их на глазах общества и разбойников, дабы никто более не осмелился совершить подобное злодеяние. И поистине пред ним трепетал весь гавар. Слава о его доблестных поступках скоро достигла ушей тирана (Ибрагим-хана)... Но он затаил свою ненависть в сердце, не хотел обнаруживать ее перед меликом Аббасом, ибо хотел обратить его в мусульманскую веру...».

Далее пространно говорится о тех средствах, к которым прибегнул Ибрагим-хан, дабы побудить князя к вероотступничеству.

Ибрагим-хан, действительно, ныне изменил свою политику по отношению к армянским меликам. Он убедился, что предательство, убийство, яд не приносят желаемого результата. Место убитого занимал его сын или кто-либо из родственников. В конце концов он решил не отравлять их, а обращать в магометанство. Изменив веру, они должны были, как ему казалось, быстро смешаться с тюрками и исчезнуть.

---

[129] На надгробии, установленном на его могиле, сохранилась памятная запись о подлом предательстве вероломного хана: «Под этим камнем покоится прах храброго и мужественного мелика Бахтама, сына мелика Арама. Принял он смерть и конец свой от яда Ибрагим хана. Кто посетит сию могилу, пусть скажет: помилуй, Отче. Аминь».

Начал он с мелика Аббаса, но все его ухищрения оказались бессильными перед непреклонностью мужественного князя. Ибрагим-хан даже пытался соблазнить его красотой своих дочерей, но, когда убедился, что вероотступником сделать его не удастся, вновь прибегнул к испытанному средству — убийству...

Однажды мелик Аббас лично отправился в селение Цор для расследования уголовного дела. Он вынужден был переночевать в селе и остановился в доме местного священника. Ночью на дом священника напал отряд всадников, подосланный Ибрагим-ханом. Они схватили мелика и изрубили мечами.

Тело убитого было доставлено в крепость Тох. В тот самый час, когда в церкви служили обедню и готовились к церемонии погребения, по приказу Ибрагим-хана было совершено еще одно злодеяние. В церковь неожиданно ворвались вооруженные люди хана и попытались похитить тело покойного, утверждая, что он был мусульманином и его нельзя хоронить по христианскому обряду. Разъяренный народ, с одной стороны, родственники покойного — с другой, напали на людей хана, избили и убили многих из них. Оставшиеся в живых бежали в крепость Шуши и рассказали о случившемся хану. Хан на сей раз послал в Тох войско, но пока оно прибыло, церемония похорон была закончена.

Посланцы хана пытались вытащить из могилы тело покойного, и эта дерзость послужила причиной новых ужасных столкновений между армянами и тюрками. Но так как армяне не были подготовлены и не ожидали подобного насилия со стороны хана, они потерпели поражение. Тело покойного было извлечено из родовой усыпальницы[130] и погребено на мусульманском кладбище.

Какова была цель этого варварского поступка? Теперь Ибрагим-хан имел основание сказать наследникам покойного, что их отец был мусульманином и умер как мусульманин, и они также должны принять эту религию. Так и случилось. Впоследствии хан, арестовав уже довольно ослабших наследников Мелик-Аванянов, начал открыто подвергать их религиозным преследованиям.

Голод и эпидемия опустошали Карабах. Села обезлюдели, народ постепенно разбегался. Именно в это время сын покойного мелика Аббаса мелик Каграман (которого называли также Багир-бек), взяв с собой часть народа Дизака, переселился в Грузию.

Багдад-бек Мелик-Аванян (сын мелика Есаи[131]) оставался в тюрьме

---

[130] Родовая усыпальница Мелик-Аванянов находится в притворе церкви крепости Тох.

[131] В крепости Тох, во дворце мелика Аван-хана ныне живет знатный тюрок, по имени Фархад-бек, который с гордостью вспо минает, что он принадлежит к

Ибрагим-хана. После долгих мучений он вынужден был вместе со своими двумя сыновьями — Асланом и Ваганом — принять мусульманство. Их правление длилось недолго, ибо Багдад-бек за непослушание был задушен Ибрагим-ханом. А его сын Аслан, стремившийся вернуться в лоно христианства, был отравлен тем же ханом. Конец Вагана нам неизвестен. Итак, почти все потомки Мелик-Аванянов, некогда могущественных владетелей Дизака, были убиты или отравлены Ибрагим-ханом. Не забудем, что первым представителем этого знатного рода был тот выдающийся человек, который переписывался с Петром Великим, которого с почетом принимали во дворцах Анны Ивановны и Елизаветы Петровны, который получил от русского правительства чин генерала. Это был генерал мелик Аван-хан, о деяниях которого мы рассказали в начальных главах нашего повествования.

Одна из ветвей потомков рода Мелик-Аванянов, была мусульманизирована, другая — осталась христианами. Наследники-мусульмане с помощью шушинских ханов овладели их обширными поместьями, а христиане были лишены наследства [132]. Представители другой ветви этого рода — князья Меликовы, князья Сумбатовы, Айрапетяны — в России достигли высокого положения и признания. Что с ними стало далее, нам неизвестно.

XXXVI

Голод, эпидемия и переселение народа Карабаха

С 1795 года до начала 1798 года Карабах пережил несколько нашествий, одно другого неистовее, одно другого губительнее.

Карабах и окружающие его районы стали ареной постоянных войн, грабежа и кровопролития. После первого нашествия Ага-Мамат-хана последовал поход графа Зубова, затем осада Гандзака и новый поход Ага-Мамат-хана. Во время этих кровопролитных сражений, продолжавшихся непрерывно три года, положение крестьян было столь ненадежно, что они не могли своевременно ни сеять, ни собирать урожай. А во время ужасающей засухи 1797 года, уничтожившей всю растительность, посевы погибли полностью.

славному роду Мелик-Аванянов. И действительно, он внук Багдад-бека и сын мелика Аслана. А наследники Мелик-Аванянов, христиане, ныне влачат жалкое существование в той же крепости Тох, хотя и считаются дворянами.
[132] См. X, XI и последующие главы.

Будто сама природа объединилась со злой волей человека, чтобы превратить Карабах в пустыню. Люди исчерпали все запасы съестного, а затем, подобно животным, стали питаться травами и кореньями Это был голод, вроде тех, которые наступали после походов Ленг-Тимура и других человекоподобных извергов и которыми столь богата армянская история.

Земля покрылась трупами людей, умерших вследствие нерегулярного, непривычного питания. Вслед за голодом последовала эпидемия 1798 года, которая и восполнила чашу народного страдания.

Карабах, насчитывавший 60 тысяч армянских домов, почти опустел. В это время и состоялось великое переселение Сюника. Народ в страхе покидал свою родину и бежал в Турцию, Персию, Россию и Грузию.

О том, что произошло с бежавшими в Турцию, Персию и Россию, у нас мало сведений, кроме того, описание их истории не входит в нашу задачу. Расскажем о бежавших в Грузию.

Исход карабахских армян стал главной причиной падения армянских княжеств Карабаха. Ни Панах-хан, ни Ибрагим-хан не нанесли армянским меликствам такого урона, какой нанесли сами мелики, когда начали вместе со своими подданными искать прибежища на чужой земле. Оторвавшись от родной земли, они лишились всего...

Несмотря на то, что карабахские мелики каждый раз, когда жизнь на родине становилась невыносимой и они вынуждены были переселяться на чужбину, требовали для себя и для своих подданных особых привилегий, тем не менее ничто не могло восполнить те утраты, которые они несли, покидая родину.

В январе 1798 года умер грузинский царь Ираклий, и ему наследовал его сын Георгий XII[133].

После смерти Ираклия в царской семье начались непрестанные распри как среди мужчин, так и среди женщин. Архиепископ Овсеп, который был одним из ближайших друзей грузинского царского дома, приложил немало усилий, чтобы восстановить среди них мир и согласие. Но они не увенчались успехом. Архиепископ считал, что эта

---

[133] Георгий XII — последний царь Картлии и Кахетии (Восточной Грузии) (1798-1800гг) Вступил на престол после смерти своего отца Ираклия II При Георгии XII страна систематически подвергалась разорительным и нашествиям лезгинских феодалов. Персидский шах Али шах, грозя войной, упорно добивался подчинения Восточной Грузин. Положение усугублялось постоянными феодальными распрями. В такой обстановке Георгий XII обратился к России с настоятельной просьбой о помощи. Вслед за обращением Георгия XII русское правительство (в ноябре 1799г) направило в Грузию воинские части. После смерти Георгия XII его сын царевич Давид не наследовал престола, и Восточно Грузинское царство было упразднено в связи с присоединением Грузии к России.

междоусобица опасна для Грузии. В 1797 и 1798 годах, то есть в годы самого ужасного голода и эпидемии, в Грузию переселилось множество карабахских армян. Это общение армян и грузин архиепископ Овсеп считал весьма благоприятным для осуществления своих целей. Но время уже было упущено. Если бы почтенный архиепископ наряду с безмерным энтузиазмом и патриотизмом обладал и необходимыми качествами политика, он, возможно, и не совершил бы тех ошибок, которые сопровождали его на всем протяжении политической деятельности. Он был слишком увлекающимся и легковерным человеком.

После смерти Екатерины II и восшествия на престол императора Павла I отношение русского правительства к христианам Закавказья полностью изменилось. Ныне никто не собирался осуществлять намерения Петра Великого и Екатерины II по освобождению христиан Востока. И Грузия стала в это время обычной русской провинцией.

Поэтому, когда два армянских князя Карабаха — мелик Джумшуд Мелик-Шахназарян и мелик Фрейдун Мелик-Бегларян решили основать в Грузии постоянные поселения, они, разочарованные поведением царя Ираклия и его преемника Георгия, уже не вступили в новые переговоры с последним, а обратились прямо в Петербург к императору Павлу.

Армяне Карабаха, бежавшие в Грузию, вначале встретили недоброжелательное к себе отношение со стороны грузин. Измученные голодом, обнищавшие прибыли они в эту страну, многие просили милостыню на улицах. Грузинские князья принуждали их записываться в крепостные. Несчастные за кусок хлеба продавали своих детей и сами продавались в рабство[134]. Подобное безжалостное отношение грузинских дворян стало главной причиной обращения армянских меликов в Санкт-Петербург.

Армянские мелики со своими подданными[135] переселились в страну, где в это время царило крепостное право. Но армянский народ не был приучен к крепостничеству. И во времена независимого Армянского государства, и во времена персидского или османскою владычества армянский крестьянин обладал полной свободой. Мелики хотели, чтобы

---

[134] Наличие до последнего времени большого числа армян крепостных объясняется именно этим обстоятельством.

[135] В Грузию переселились главным образом жители Полистана и Варанды, то есть подданные Мелик Бегларянов и Мелнк-Шахназарянов. Подданные мелика Межлума (уже умершего) остались в области Гандзак под покровительством Джавад-хана. А жители Хачена и Дизака частью остались на своих местах, а частью переселились в другие страны. Небольшая их часть, переселившаяся в Грузию, смешалась с подданными двух упомянутых меликов.

их народ сохранил свою исконную свободу, а сами они пользовались теми же правами, какие имели всегда по отношению к своим подданным. Они требовали, чтобы в пределах Грузии, которая тогда находилась под протекторатом России, им выделили в вечную собственность свободную землю и они могли основать на этих землях свои поселения и жить в них согласно своим древним законам и обычаям.

С этой целью мелик Фрейдун Мелик-Бегларян[136] и мелик Дшумшуд Мелик-Шахназарян отправились в Санкт-Петербург[137], чтобы лично передать императору свою просьбу.

Мелики встретили в С.-Петербурге достойный прием. Высочайшим повелением императора Павла I от 2 июня 1799 года приказывалось отвести меликам провинцию Казах для постоянного проживания и сохранить за ними те же права над своими подданными, которыми они обладали у себя на родине. Этот манифест был написан на имя князя Варанды мелика Джумшуда Мелик-Шахназаряна и князя Гюлистана мелика Фрейдуна Мелик-Бегларяна.

Тем же манифестом были пожалованы медали отличия и определялись пенсионы: мелику Джумшуду — 1400 рублей в год, его сыну — 600 рублей, а мелику Фрейдуну — 1000 рублей.

В соответствии с вышеупомянутой высочайшей грамотой император направил специальную грамоту от того же числа грузинскому царю Георгию и, кроме того, в инструкции от 16 апреля того же года, данной статскому советнику Коваленскому[138] (назначенному в то время министром в Грузии) предписывалось следующее: «Армянские мелики Джимшид и Фридон, здесь (в России) находящиеся, и другие, в Грузии и Персии оставшиеся, с разными единоземцами своими под покровительство Его Императорского Величества прибегшие, получили

---

[136] Мелик Фрейдун — сын мелика Беглара II, брата мелика Абова (см. главу XVI).

[137] В свите меликов находился и юный Ростом — сын погонщика мулов мелика Шахназара. Его отца звали Мехрабенц Гюки. Еще в 14-летнем возрасте Ростом, удрав из Карабаха в Астрахань, стал там учеником у полкового маркитанта. Это занятие позволило ему изучить русский язык. Когда мелики по пути в Санкт-Петербург проезжали через Астрахань, Ростом затесался в их довольно многочисленную свиту. Его взяли с собой, полагая, что он приюдится в пути в качестве переводчика. Санкт-Петербург так увлек юношу, что он решил остаться здесь. Мелик Джумшуд выдал сыну погонщика мулов своего отца грамоту о дворянском происхождении, и по его просьбе Ростома зачислили в военную школу. Этот юноша впоследствии стал знаменитым князем Мадатовым, который прославился во время турецкой, французской и персидской кампаний.

[138] Коваленский, Петр Иванович (ум. в 1827 г.) — русский министр при грузинском дворе (с 1799 г.).

всемилостивейшее соизволение поселиться в Грузии, с тем, что царь (грузинский, Георгий XII) отведет им земли для устроения себя с подданными их или другими жителями, из Персии выйти могущими. Государь Император, желая, чтоб новое таковое общество христианское в Грузии сколько можно процветало, для собственной даже пользы края того, вы должны стараться, чтоб царь сделал таковую уступку земель на самых выгодных для меликов условиях; и как подобное общество не может утвердиться и приобрести распространение свое, как поколику соблюдены будут обычаи и правление, оному издавна свойственные, то и желательно было бы, чтоб находилось оно не в иной зависимости от Грузии, как в роде вассалов, платя однако ж умеренную дань царю и разделяя с ним все то, что со стороны ли издержек или и деятельного людьми содействия, в случаях обороны края, нужно быть может».

Грузия переживала смутные времена, и царь Георгий посчитал поселение армянских меликов с их многочисленными подданными на грузинской земле весьма выгодным. Мелики могли стать его сильными союзниками. Набеги кавказских горцев, с одной стороны, раздоры между членами грузинской царской фамилии — с другой, держали страну в постоянном напряжении. Один из братьев — царевич Александр[139] — придерживался персидской ориентации и действовал вопреки русским и вопреки своему брату.

Вследствие этих обстоятельств и были выполнены требования меликов. Мелик Джумшуд Мелик-Шахназарян получил от царя Георгия гавар Лори по ее тогдашним границам и часть Борчалу, где он и поселился со своими подданными. Мелик Фрейдун Мелик-Бегларян получил остальную часть Борчалу и Аджи-кале. А мелик Абов (дядя мелика Фрейдуна) получил Болниси. Впоследствии мелики приобрели и другие земли соответственно постоянно увеличивающемуся числу их подданных.

XXXVII

Во время переселения армянского населения Карабаха в Грузию католикосы Карабаха находились в различных местах. Двое из них оставались в Карабахе: резиденция католикоса Исраела находилась в

---

[139] Александр (1780-1852) — грузинский царевич, сын Ираклия II. Не примирившись с присоединением Грузии к России, он перешел на сторону Персии и вел активную борьбу за удаление русских войск из Грузии и восстановление Грузинского царства.

монастыре Амарас, резиденция католикоса Симона-младшего — в монастыре Ерек Манкунк. Третий же католикос, Саргис Хасан-Джалалян, пребывал вне пределов Карабаха — в городе Гандзак (см. главу XVII).

Но словно по какой-то роковой предопределенности, куда бы ни направлялись мелики Карабаха, повсюду их сопровождала и церковная междоусобица.

В тот же год, когда мелики со своими подданными переселились в Грузию, католикос Саргис Хасан-Джалалян вместе со своим племянником Багдасаром (который уже был рукоположен в вардапеты), многочисленными родственниками и свитой перебрался в Тифлис (25 марта 1798 года). Царь Ираклий радушно принял католикоса и перед смертью завещал своему сыну Георгию проявлять уважение к высокому гостю.

Главой армянской епархии в Грузии в это время был константинопольский архиепископ Ованес[140], представлявший высшую духовную власть Эчмиадзина. Известен он был также под именем «Копьеносец». Это был энергичный священнослужитель, с твердым характером, пользовавшийся большим влиянием в Эчмиадзине.

Прибытие католикоса Саргиса в Тифлис, естественно, не могло не вызвать недовольства «Копьеносца», тем более, что вскоре стали очевидны и симпатия царя Георгия к католикосу Саргису, и притязания последнего стать пастырем всех проживающих в Грузии переселенцев из Карабаха.

Необходимо отметить, что этого желали и сами карабахские беженцы. Этот народ привык жить независимо от Эчмиадзина, иметь свое особое духовное правление, каким был на протяжении веков католикосах Агванка. А Саргис был одним из представителей этого католикосата.

Еще в то время, когда армяне Карабаха пребывали в области Гандзак, они избрали Саргиса своим католикосом. Теперь же, перебравшись в Грузию, они хотели сохранить свою, независимую от Эчмиадзина духовную власть в лице того же Саргиса. Напряженные отношения царя Георгия с Эчмиадзином также способствовали осуществлению желания карабахцев[141].

---

[140] Ованес (Иоаннес) Чамаширдян (умер в 1817 г.) — архиепископ. В 1800 г был избран армянским патриархом Константинополя. В следующем, 1801 г, был низложен Портой и сослан в город Евдокию. В 1802 г. вновь был переизбран и занимал патриарший престол до 1813 г.

[141] Причина напряженных отношений между царем Георгием и Эчмиадзином хотя и была сама по себе весьма незначительна, но с точки зрения религиозной выглядела достаточно серьезной. Когда народ вследствие эпидемии бежал из Карабаха в Грузию, то перенес с собой и ужасную заразу. Тогда царь Георгий обратился в Эчмиадзин к католикосу Гукасу с просьбой выслать в Грузию Копье

Все это очевидно противоречило, с одной стороны, интересам «Копьеносца» как главы армянской церкви в Грузии, и с другой — компетенции Эчмиадзина. Поэтому, когда царь Георгий предложил католикосу Гукасу назначить католикоса Саргиса пастырем карабахских беженцев, Гукас категорически отверг просьбу царя, что и послужило причиной длительных разногласий между грузинским царем и Эчмиадзином.

Георгий, огорченный отказом Эчмиадзина, объявил, что, если его просьба не будет выполнена, то он не позволит ни одному представителю Эчмиадзина пересечь границу Грузии и собирать с местных армян церковный налог.

Католикос Гукас, понимая, что это приведет к полному обособлению проживающих в Грузии армян от Эчмиадзина, вынужден был пойти на уступки. Он обещал выполнить просьбу царя, но с условием, что католикос Саргис лично прибудет в Эчмиадзин для получения своей должности.

Католикос Саргис вместе со своим племянником вардапетом Багдасаром отправился в Эчмиадзин. И несмотря на то, что им там был оказан холодный прием, католикос Гукас, желая прекратить спор с грузинским царем, назначил Саргиса настоятелем Ахпатского монастыря и одновременно пастырем карабахских беженцев. То же двумя своими грамотами подтвердил царь Георгий: одна из них была обращена к карабахским беженцам, а другая — к самому Саргису.

Но в Эчмиадзине с Саргиса взяли обещание, что он будет использовать титул и печать не католикоса, а архиепископа и главы епархии. И хотя Саргис согласился с этими условиями, его противоречия с представителями Эчмиадзина в Тифлисе не были преодолены полностью.

— одну из святынь Эчмиадзина, исцеляющую заразные болезни. Католикос Гукас отказался выполнить просьбу царя, так как, во-первых, эпидемия объявилась и в самом Вагаршапате и они сами испытывали необходимость в помощи святого Копья, а, во-вторых, он сомневался в том, что грузинский царь возвратит упомянутую святыню обратно.

Но так как Георгий продолжал настаивать, то католикос вынужден был уступить и послать святыню с упомянутым «Копьеносцем», архиепископом Ованесом. Но после того как святыня была доставлена в Тифлис и все необходимые торжества совершены, ее назад не вернули. Из Эчмиадзина неоднократно просили вернуть святыню, но грузинский царь, неизменно ссылаясь на различные причины, отказывал. В конце концов архиепископ Ованес с помощью мелика Абова ночью тайно похитил святыню и бежал в Эчмиадзин. Возможно, после этого случая его и стали называть «Копьеносцем».

Не успел Саргис привести в порядок свои дела, как из Карабаха прибыл новый католикос. Это был католикос Симон-младший из монастыря Ерек Манкунк, бежавший в Тифлис от притеснений Ибрагим-хана.

Но на сей раз представители Эчмиадзина в Тифлисе не стали с ним церемониться. Табакерка вардапета Ованеса-«шахагедан»[142], подобно шкатулке фокусника, имела два отделения: из одного отделения нюхал табак он сам, а из другого предлагал понюхать тем, кого следовало отправить в мир духов. Католикосу Симону было предопределено воспользоваться нюхательным табаком именно из этого отделения. Утром он покинул Тифлис и выехал в Гандзак. Еще в пути у него выпали волосы, и по приезде в Гандзак он скончался. Это был последний католикос монастыря Ерек Манкунк.

XXXVIII

В одной из предшествующих глав нашей истории мы в связи с борьбой католикосов в Карабахе заметили, что на протяжении веков всякий раз, когда возникали важные, требующие неотложного решения национальные или общенародные проблемы, сатана подбрасывал какую-нибудь церковную распрю или междоусобицу. Это, хотя и весьма печальный, но факт.

Русские уже овладели Грузией и готовились овладеть всем Закавказьем. Для армян начиналась новая жизнь: персидская деспотия рушилась и должна была уступить правлению христианского государства. Армянские мелики стремились сохранить свои исконные права под протекторатом этого нового государства. Жизнь народа подвергалась всем опасностям переходного периода, существовали тысячи вопросов и проблем, подлежащих решению, — и именно в этот момент в Эчмиадзине вспыхнула борьба за католикосский престол, которая занимала мысли армян до тех пор, пока русские окончательно не утвердились в Закавказье.

---

[142] Нам неизвестно, кто был этот вардапет и почему он носил прозвище «шахагедан», т. е. «посещающий шаха». Мы знаем только, что он был влиятельным церковником в период правления католикоса Ефрема (Ефрем I (1748-1835) — католикос всех армян (1809-1830) После избрания Иосифа Аргутинского католикосом всех армян в 1800 г. стал начальником российской епархии армянской церкви. После смерти католикоса Даниила а 1805 г. был избран католикосом всех армян. Не выдержав жестокости в налоговой политике Ереванского Гусейн-Кули-хана, в 1822 г. бежал в Грузию и до 1828 г. находился в Ахпатском монастыре. В 1830 г. отрекся от престола.).

27 декабря 1799 года умер католикос Гукас. Появилось множество претендентов на патриарший престол, из которых в конце концов осталось пятеро. Это были: глава армянской церкви в России архиепископ Овсеп, патриарх Константинополя Даниил, епископ Астрахани Ефрем, епископ Давид Энагетци, человек крайне хитрый и неразборчивый в средствах, и, наконец, тифлисский архиепископ Степан, по прозвищу «босоногий»[143].

Русское правительство желало, чтобы патриарший престол Эчмиадзина занял человек, оказавший важные услуги России, прежде всего в ее восточных войнах с персами и османами. Это был известный нам архиепископ Овсеп Аргутян. Этот деятельный, предприимчивый церковник был необходим России для расширения ее владений. Борьба с Персией была далеко не закончена: Ереванское и многие другие ханства находились еще в руках мусульман.

Сам архиепископ Овсеп давно стремился стать католикосом всех армян, и это тщеславное желание значительно уронило его авторитет в глазах здравомыслящих армян, когда он, презрев широкие общенациональные интересы, стал преследовать узкие, эгоистические цели.

Несмотря на то что у него было множество противников и в Эчмиадзине, и в армянском обществе, он с одобрения русского правительства и османской Высокой Порты направился в Эчмиадзин, чтобы принять католикосское помазание. Поведение католикоса, противоречащее издавна принятому у армян обычаю избрания католикоса, возможно, послужило бы поводом к дальнейшим распрям, если бы судьба не распорядилась иначе. 10-го февраля он торжественно вступил в Тифлис. Там его ждало известие о смерти друга — грузинского царя Георгия [144], повергшее его в глубокую скорбь: вместе с ним умерли и его самые заветные мечты...

Гроб с телом царя еще находился в Сионском соборе[145], когда 16 февраля 1801 года в том же соборе состоялось всенародное торжество по поводу опубликования манифеста императора Павла I о присоединении Грузии к России.

---

[143] Почти в то же время началась борьба между Давидом и Даниилом, составившая весьма печальную, но в то же время пространную страницу в истории последних католикосов Эчмиадзина.

[144] Георгий умер в декабре 1800 года.

[145] Сионский собор — кафедральный собор грузинской церкви в Тбилиси.

В это время в Тифлисе находился и генерал-майор Лазарев [146], назначенный командующим русских войск в Грузии.

После опубликования императорского манифеста на протяжении трех дней проходила церемония погребения царя Георгия, на которой присутствовал и архиепископ Овсеп. Со смертью Георгия Грузинское царство прекратило свое существование.

После похорон архиепископ Овсеп слег и вследствие продолжительной болезни умер, так и не увидев Эчмичадзина и не приняв католикосского помазания. Вместе с ним умерли и еще не угасшие упования армянских меликов.

В том же году (12 марта 1801 года) скончался и император Павел I, и на российский престол восшел Александр I.

Смерть Георгия вызвала новые ожесточенные столкновения между претендентами на грузинский престол. Среди них были и такие, которые протестовали против присоединения Грузии к России и начали подстрекать кавказских горцев и персов к действиям против русских [147].

Самым известным и неуступчивым из протестовавших был брат покойного Георгия Александр. Его деятельность занимает весьма важное место в истории того периода, однако мы кратко остановимся лишь на том, что имеет отношение к армянским меликам.

Из армянских меликов, переселившихся в Грузию, наибольшую силу и значение приобрел мелик Абов Мелик-Бегларян. В Грузии он оставался таким же храбрым и воинственным, как и в Карабахе. Помимо своих подданных из Карабаха, он со временем собрал под свое крыло и тех беженцев, которые, покинув различные области Армении, искали прибежище в Грузии. Таким образом, количество его подданных увеличилось настолько, что в случае войны он мог выставить несколько тысяч всадников. Не удовлетворившись этим, мелик Абов пытался переселить в свои владения 1000 армянских семей из Ахалциха (который тогда находился под властью османов). С этой целью он во глава конного отряда совершал непрерывные вылазки через турецкую границу и каждый раз возвращался с богатой добычей. Не раз его воины достигали стен Эрзерума. И поскольку все это тогда было в порядке вещей, никто не препятствовал дерзким действиям мелика Абова.

Мелик Абов и его смелые всадники получили такую известность, что

---

[146] Лазарев, Иван Петрович (1763-1803) — во время Второй русско-турецкой войны (1788-1790) командовал Кубанским корпусом; в 1796 г. ему было поручено покорение затерских земель и ограждение грузинского царя Ираклия от нападений горцев и татар. С 1799 г. — командир отряда русских войск в Грузии.

[147] В это время состоялся второй поход аварского Омар хана в Грузию.

для обеспечения безопасности торговых отношений в стране и защиты караванных путей он был назначен караван-баши. Смысл этой должности состоял в том, что он должен был установить сторожевые посты на дорогах, его всадники должны были сопровождать караваны и ограждать их от опасности. За эту службу люди мелика Абова взимали по 1 рублю с каждого вьюка в пользу мелика, что в год составляло 500[148] туманов, как признается в одном из писем мелик Абов.

Видя все это, грузинский царевич Александр рассчитывал найти в мелике Абове достойного помощника в осуществлении своих целей. Еще при жизни Георгия он скитался то среди горцев Дагестана, то среди терекемейцев Казаха и Шамшадина, то в районе Еревана — и повсюду возбуждал мусульман против русских и своего брата Георгия.

Он неоднократно обращался к мелику Абову с письмами и уговаривал присоединиться к непризнающим покровительства России. Несмотря на то, что мелик Абов, верный присяге, данной им русскому правительству, каждый раз отказывался от предложений царевича Александра, все же чиновники Тифлиса по одному подозрению арестовали мелика Абова. Он несколько месяцев находился в заключении, пока приехавший в Грузию министр Ковалевский (1800) не освободил его.

У мелика Абова было три сына — Ростом-бек, Саи-бек и Манас-бек. Среди них своей храбростью выделялся Ростом-бек.

XXXIX

В 1804 году русская армия под командованием князя Цицианова[149] подошла к стенам Еревана и расположилась лагерем у Эчмиадзина. В то же время многочисленное персидское войско, которое возглавлял лично наследник персидского престола Аббас-Мирза, поспешило к Еревану, чтобы воспрепятствовать продвижению Цицианова. Среди персидских

---

[148]500 туманов составляют приблизительно 1500 рублей. Если с каждого вьюка взималось по одному рублю, то это означает, что количество ввозимых в Грузию и вывозимых из нее товаров составляло 1500 вьюков. Эти подсчеты свидетельствуют о том, сколь низок был уровень торговли в крае в то время.

[149] Цицианов, Павел Дмитриевич (1754-1806) — генерал царской армии, происходил из грузинского рода князей Цицишвили. Назначенный в сентябре 1802 г. главнокомандующим и астраханским военным губернатором, руководил завоеванием Прикаспийских областей, Грузии и Армении. В 1804 г возглавлял поход русской армии к Ереванской крепости. Был убит 8 февраля 1806 г. у крепости Баку.

военачальников был и грузинский царевич Александр с несколькими дворянами. Они, взяв с собой несколько отрядов персидской конницы и объединившись с терекемейцами Казаха и Шамшадина, подстрекая к восстанию лезгин, полностью прервали сношения между Грузией и армией Цицианова, находившейся у стен Еревана.

Цицианов, намеревавшийся предпринять осаду Еревана, сам оказался в западне. Персы окружили его со всех сторон. Армия Цицианова стала испытывать недостаток в продовольствии. Хотя Эчмиадзинский монастырь снабжал армию хлебом из своих амбаров, но Цицианов нуждался и в боеприпасах; запасы пороха подходили к концу, не хватало пушек.

В этот момент сын мелика Абова Ростом-бек с отрядом собственной конницы и пятьюстами русскими солдатами дважды с удивительной смелостью прорвался сквозь ряды персов и доставил армии Цицианова из Тифлиса порох, пушки и иные боеприпасы.

Когда же он совершал третью подобную экспедицию, в Памбакском ущелье, возле села Курсалу, столкнулся с персидским отрядом. Это был отряд Пир-Кули-хана, численностью более 800 человек. Вскоре к персидским войскам присоединился и царевич Александр с 3000 всадников. Несмотря на огромное преимущество, персы три дня не решались вступить в сражение с малочисленным отрядом Ростом-бека. Когда же, наконец, началась битва, Ростом-бек и русские солдаты оказали отчаянное сопротивление. Лошадь под ним пала. Ростом-бек пересел на другого коня и вновь бросился в битву. Он продолжал сражаться, даже получив два ранения. И лишь раненный третий раз, в правую руку, он, обессилев от потери крови, рухнул наземь. После этого персы убили майора Монтрезора и перебили всех русских солдат.

Грузинский царевич Александр хорошо знал Ростом-бека, хорошо знал он и его отца — мелика Абова, который, как мы рассказали в предыдущей главе, отверг предложение Александра выступить совместно против русских. Теперь же упрямый сын упрямого отца попал в руки врага, сражаясь на стороне русских. Александр решил отомстить сыну за отца. И зная, как ненавидит Аббас-Мирза меликов Карабаха, ставших причиной гибели Ага-Мамат-хана в крепости Шуши, он отправил к нему Ростом-бека.

Персидский престолонаследник приказал надеть на него тяжелые кандалы и заключить в одну из тавризских тюрем; при этом было приказано позаботиться о его излечении.

В продолжение трех месяцев был в заключении этот герой в тавризской тюрьме. В это же время в ней находился и приверженец России, католикос Даниил, который через некоторое время был освобожден под поручительство тавризского армянина Оганес-аги. Ростом-бек же оставался в тюрьме до тех пор, пока Аббас-Мирза, разбитый русскими, возвратился в Тавриз и, разъяренный, приказал немедленно казнить храбреца. Тавризские армяне похоронили его в ограде местной церкви. До сих пор еще армяне в Персии обучают своих детей песне, которую сложил сам Ростом-бек, находясь в тюрьме. Видно, что герой Карабаха был столь же искусен в поэзии, как и в военном деле. Ныне эта песня совершенно забыта[150]. Чтобы вновь пробудить печальные воспоминания прошлого, мы приведем текст этой песни полностью.

Зычным голосом глашатай возвестил,
что палач топор кровавый навострил
и спешит порвать непрочной жизни нить
и меня ударом к плахе пригвоздить.
Причитает мусульманский вражий стан:
— О противник наш отважный, Абовян![151]
Разве нет христианина, чтоб мечом
рассчитался с кровожадным палачом?
Кровь невинную хотят враги пролить,
чтоб свой грех моим страданьем искупить.
Пусть умру, но не предам свою страну
и к рядам святых воителей примкну.
Вы, осколки славной нации армян,
что томитесь в грязных тюрьмах персиян,
не забудьте детям внукам передать,
что Ростом готов за родину страдать.
Жаль, что гибну не в бою, разя врага,
но во имя веры жертва дорога.
Я, храбрец, что мощный натиск отражал,
сотни грозных персов в бегство обращал,
стал добычей труса, злого палача,
что дрожит по-бабьи, ноги волоча.
Пусть отец узнает: варвар проиграл —
сын бессмертным духом смерть свою попрал.
Что ж, наследник шаха, сам Аббас-Мирза,
ждет палач приказа, дальше ждать нельзя,

---

[150] Опубликована в журнале «Базмавеп» (Венеция, 1847, № 3), песеннике В. Ованесяна «Новая лира Армении» (Москва, 1858, вып IV) и сборнике М. Миансаряна «Армянская лира» (С.Петербург, 1868).

[151] Абовян — в данном случае сын Абова.

враг твоей державы — вот я пред тобой,
ну, казни скорее, наш не кончен бой!
Лишьо том скорблю я что в моих руках
нет меча, что перса вновь повергнет в прах![152]

Мелик Абов, его престарелый отец, после гибели любимого сына прожил недолго. Последние дни убеленного сединами героя прошли в горести и скорби.

Вот что писал он в Санкт-Петербург 23 ноября 1807 года в письме к Минасу Лазаряну [153], с которым после смерти архиепископа Овсепа мелики Карабаха делились своими многочисленными бедами:

«Великая служба моя святому престолу России и оказанные мною храбрости в Шуше еще при полководце Зубове — всем известны. Быть может, не безызвестно и вам, что сильные полчища Ага-Мамат-хана были изгнаны нами и рассеяны по лицу земли. Вследствие сего царь Ираклий, желая иметь нас защитником себе, клятвами и письмами убедил нас придти к нему, жить в царстве его и считаться наравне с первостепенными тавадами и князьями его. Мы прибыли; по обещанию своему царь дал нам Болниси, а во дворце своем назначил нам место выше всех своих вельмож. Такая жизнь наша продолжалась в царствования Ираклия и Георгия; ныне же мы лишены земли, имений и почестей, ибо все притесняют нас, стараются похитить у нас Болниси и требуют десятую долю наших урожаев. Все это так опротивело, что мы ни за что не желаем отныне жить там (в Болнисах). Когда я застроил и населил эту провинцию, очистил ее от всех врагов и хищников, то тогда только явились различные хозяева: один делается хозяином канавы, другой — присваивает себе горы, третий — землю; требуют у нас десятую долю и от хлеба и от сена. Не дают нам пахать, не дают косить и пасти скот; вследствие сего вся скотина наша повымерла, и мы, озабоченные, в настоящем году не пахали и не сеяли. Отныне, если даже все камни в Болниси превратятся в золото, то и тогда, отрекаясь, отрекаемся от сего имения. Ни денег не осталось в нашем кошельке, ни терпения... Дни свои проводим мы у порогов присутственных мест и ниоткуда не имеем помощи.

Вследствие всего этого я подал на Высочайшее имя всеподданнейшее прошение, дабы всемилостивейше дозволено было нам и народу нашему

---

[152] Перевод Н. Кремневой.

[153] Лазарев, Минас Лазаревич (1737-1809) — из семьи Лазарянов. Проживая постоянно в Москве, был назначен католикосом Даниилом поверенным у всероссийского двора.

переселиться в отечество наше — в Карабах, жить и обстроиться там. Все же, что обещано мною на бумаге всемилостивейшему Государю, то и отныне присягаю и обещаюсь исполнить для выгод казны.

Как велика моя служба всемилостивейшему моему Государю, об этом не знает высшее правительство. Что же еще остается мне делать? Имел я первенца — Ростом-бека, сына моей старости и наследника моих предков, и его я принес в жертву всемилостивейшему и самодержавному моему Императору... Более же того, что и сделал и что и теперь творю, никто не в состоянии сделать.

Я имею каплю крови и то в каждый час готов пролить для имени моего Государя. Что же еще сверх сего мог бы я сделать?

В сущности видно лишь одно: я армянин, а потому все главнокомандующие и военачальники злятся на меня за мои подвиги и оказанную храбрость; о моих деяниях они не хотят довести, куда следует, ибо желают, чтобы я отчаивался и погиб бы с горя в неизвестности.

С Божьей помощью этого не будет. Я пока не сойду в могилу и не погибну от горя и отчаяния; напротив того, я и отныне намерен совершать подвиги, которые бы изумляли всех; в могилу же сойду я при моих деяниях, полных храбрости и мужества; но не умру я наподобие бессильным и больным, отпускающим душу в постели».

Далее, перечисляя услуги, оказанные им России, престарелый герой добавляет: «Несколько раз просил я графа (Гудовича) позволить нам переселиться, подобно мелику Джумшуду, в отечество, в Карабах, но он не согласился, отвечая, что если мы переселимся, то Болниси разорится, а ахалцихцы, лезгины и другие хищники и разбойники разорят окрестные г. Тифлиса селения.

Когда же мы говорим, что так как царь Ираклий пожаловал нам Болниси со всеми землями, водой, лесом и другими принадлежностями, то просим и вас, чтобы все это вы утвердили, тогда на это граф отвечает — я не могу чужие имения предоставить вам и тому подобные вещи. Но я не смею беспокоить вас всеми подробностями...».

Он заканчивает письмо просьбой к Лазаряну ходатайствовать перед императором о выполнении нескольких его просьб, среди которых особенно выделяет просьбу «дозволить нам с подведомственным нам населением переселиться в отечество наше, в Карабах».

Нашим читателям известно, что в соответствии с высочайшим манифестом императора Павла I грузинский царь Георгий специальной грамотой пожаловал мелику Абову Болниси, а мелику Джумшуду — Лори, где они основали поселения, наделенные особыми привилегиями (см. главу XXXVI). Мелик Джумшуд, как мы увидим далее, понимая, что ситуация в Грузии после Смерти Георгия складывается неблагоприятно и отношение местных русских чиновников к меликам ухудшается, продал Лори русскому правительству и вместе со своими подданными вернулся в Карабах. Так же и по тем же причинам хотел поступить и мелик Абов. Но ему чинили всяческие препятствия, ибо теперь грузины не нуждались в помощи меликов...

Как ни стремился мелик Абов вновь увидеть свою родину, поселиться со своим народом на земле предков, ему так и не удалось осуществить свое желание.

Постепенно его отношения с грузинской знатью принимали все более враждебный характер. И, как рассказывают, однажды в Тифлисе, съев в гостях отравленную фасоль, он умер (1808). Мирза-Исабахш, его секретарь, приглашенный вместе с ним, также умер от отравления.

После смерти мелика Абова в семье Мелик-Бегларянов возникли разногласия о праве на наследование. Старший сын покойного Ростом-бек, который по обычаю меликов должен был наследовать ему, как мы знаем, был казнен в Тавризе. Другие два сына — Манас-бек и Саи-бек — были еще слишком молоды. Среди других претендентов был племянник покойного Фрейдун[154], который был известен своим умом и храбростью и еще при жизни мелика Абова проявил свои достоинства. Он был одним из делегатов, посланных меликами в 1799 году в Санкт-Петербург к императору Павлу и удостоен его высочайшей милости (см. главу XXXVI). Все желали, чтобы наследником мелика Абова стал мелик Фрейдун, так оно и случилось. Но правление его было кратковременным. Избрание Фрейдуна вызвало зависть у его брата Сама, крайне несдержанного человека. Однажды во время бурного спора Сам набросился на Фрейдуна и нанес ему кинжалом смертельный удар (1808). После этого прискорбного случая вся семья возненавидела братоубийцу, и это не позволило ему достичь той цели, к которой он стремился. Преемником мелика Фрейдуна[155] был избран сын покойного мелика Абова Манас-бек.

В период правления последнего авторитет меликов в Грузии довольно упал. Вопреки привилегиям, высочайше пожалованным им императором Павлом I, вопреки преимуществам, которыми они пользовались со времен царей Ираклия и Георгия, — ныне их права все более ограничивались с тем, чтобы позже ликвидировать их вовсе.

Причиной всего этого был произвол русских управляющих, против которого резко протестовали мелики, зачастую обращаясь непосредственно к русскому правительству. Когда мелик Манас-бек после

---

[154]Мелик Фрейдун — сын мелика Беглара II.
[155] У мелика Фрейдуна было шестеро сыновей: мелик Овсеп, Шамирхан, Давид, перебравшийся в Индию, Талиш, Теймураз и Беглар.

смерти мелика Абова и мелика Фрейдуна обратился к главнокомандующему Тормасову [156] об утверждении его в правах наследственного владения болнисскими жителями, то ему категорически отказали, объявив, что и Болниси и болнисские жители суть собственность государя и никому другому не принадлежат. При этом предписывалось задержать Манас-бека в Тифлисе и содержать под строгим наблюдением, дабы он более не сеял смуту среди жителей Болниси.

Известно, что Болниси был заселен переселенцами из Карабаха — жившими прежде в Гюлистане подданными Мелик-Бегларянов. Известно также, что Болниси был пожалован Мелик-Бегларянам в вечную собственность для проживания там со своими подданными. В Грузии в это время существовало крепостное право. Хотя после переселения в Грузию мелики и не захотели оформить своих подданных в качестве крепостных, однако между ними сохранялись отношения владетеля и подданных в той форме, которая исстари была обычной для Карабаха. Теперь же, когда их пытались лишить и этих прав, им не оставалось ничего другого, как покинуть Грузию и вновь возвратиться в Карабах.

Поэтому наследники Мелик-Бегларянов и их подданные после смерти двух последних князей — мелика Абова и мелика Фрейдуна — начали постепенно покидать Грузию и перебираться в Карабах[157]. Они прожили в Грузии около 12 лет (1797-1809). В отсутствие Мелик-Бегларянов их деревни, поместья, одним словом, вся провинция Полистан, являвшаяся их семейной собственностью, перешла в руки Ибрагим-хана. Однако Мелик-Бегляряны вернули все захваченное ханом обратно и вновь стали хозяевами своей страны[158].

---

[156] Тормасов, Александр Петрович (1752-1818) — граф, генерал от кавалерии. С 1808 по 1811 гг. был главнокомандующим на Кавказской линии и в Грузии, в русско-турецкой войне 1806-1812 гг. имел ряд удачных сражений против турок на Кавказе.

[157] Род Мелик-Бегларянов, возможно, единственный из владетелей Карабаха, сумевший сохранить до последнего времени если не все, то хотя бы большую часть наследия своих предков. Сейчас в руках представителей этого рода находятся 18 деревень, расположенных на территории свыше 100000 десятин. Все деревни населены армянами, лишь в одной живут молокане.

[158] Небольшая часть их подданных продолжала оставаться в Грузии, но и они в 1812 году вернулись в Карабах.

XL

Судьба армянских переселенцев в Грузии [159] не была счастливой. Причины этого до того смутны, что здесь не место говорить о них в целом. И мелики, и их подданные столкнулись со множеством трудностей. Эпидемия, спасаясь от которой они бежали в Грузию, повторилась и здесь, унеся множество жизней.

Самым предусмотрительным из меликов оказался мелик Джумшуд Мелик-Шахчазарян. Под давлением неблагоприятных обстоятельств он после смерти Ираклия и Георгия решил продать Лори и вновь вернуться н Карабах, в свой отчий край — Варанду.

Заведовавший тогда горной частью в Грузии граф Мусин-Пушкин [160] посчитал выгодным купить у мелика Джумшуда Лори за 6000 рублей. В противоположность этому, главнокомандовавший в то время князь Цицианов (грузин), приводя различные доводы, пытался доказать, что Лори не является собственностью мелика Джумшуда и он не имеет права на его продажу. Но в Санкт-Петербурге уже знали о недружественном отношении князя Цицианова к армянским меликам, которое он проявлял неоднократно [161].

---

[159] Хотя мы постоянно употребляем слово «Грузия», однако те районы — Болниси, Лори, Борчалу, которые были отведены им для поселения, — являются, по существу, армянскими гаварами.

[160] Мусин-Пушкин, Аполлос Аполлосович (1760-1805) — русский ученый, государственный деятель. Участвовал в переговорах о присоединении Закавказья к России и организовал изучение минеральных богатств Кавказа и Закавказья. В 1799-1805 гг. Мусин-Пушкин возглавлял экспедицию горного дела в Закавказье.

[161] Тот же Мусин-Пушкин в своем донесении государю императору от 9 мая 1803 года просил наградить мелика Джумшуда за оказанные русскому правительству услуги золотою саблею. Однако князь Цицианов в своем рапорте от 20 января 1804 года сообщил, что подобное награждение армянского мелика может показаться обидным грузинским князьям, как и всякое сравнение князей армянских с грузинскими.

В своем донесении государю от 30 декабря 1804 года князь Цицианов, между прочим, писал: «Ибрагим-хан (шушинский) имел до 60000 домов одних карабахских армян, управляемых пятью знатнейшими меликами, из коих иные, как думаю, по глупости ведут свои начала от царей древней Армении»   (Предания, сохранившиеся в меликских домах, верно указывают на их истоки: нахарарско - царский дом Арраншахиков, возникший в армянском Арцах-Утикском крае после распада объединенного царства Аршакуни. А он, как было показано выше (см. прим. 9 к гл. I и прим 4 к гл. II), согласно более древнему преданию (записанному Мовсесом Хоренаци), берет свое начачо от потомков Айка (Сисак — Арран — Вачаган Благочестивый Арраншахик). Письменные источники

Поэтому с мнением князя Цицианова в Санкт-Петербурге не согласились и распоряжением министр финансов от 22 мая 1805 года мелик Джумшуд было дано право продать Лори, а местному начальству приказано купчую крепость совершить.

Конечно, если бы мелик Джумшуд опоздал на несколько лет, он, как и наследники мелика Абова, лишился бы всего. Но мелик Джумшуд, продав Лори, в тот же год (1805) покинул Грузию и вместе со своими подданными переселился в Карабах, в свой родной гавар Варанду.

Этот храбрый и в то же время рассудительный воин много способствовал утверждению русского господства в Закавказье. Еще в 1803 году, когда князь Цицианов осадил Гандзак, мелик Джумшуд во главе армянского отряда, составленного из собственных всадников, стоял у стен крепости. Среди его отряда находились глава армянской церкви в Тифлисе архиепископ Ованес и вардапет Нерсес, ставший впоследствии знаменитым армянским католикосом Нерсесом V. Служа делу освобождения родины от персидского господства, этот энергичный священнослужитель принимал участие в действиях князя Цицианова, точно так же, как в свое время архиепископ Овсеп Аргутян-Долгорукий участвовал в походах графа Зубова. Осада крепости продолжалась долго. Джавад-хан, уже знакомый нашему читателю, храбро защищался. В конце концов 3 января 1804 года русские и армянские войска, предприняв отчаянное наступление, смогли разрушить часть крепостной стены и проникнуть в город. Битва и резня в самой крепости продолжались несколько часов и прекратились лишь тогда, когда Джавад-хан и его сыновья пали на поле брани.

Затем мелик Джумшуд и другие мелики вместе со своими отрядами приняли участие в ширванском и ереванском походах князя Цицианова, где также оказали ему немало услуг.

По совету и стараниями мелика Джумшуда, шушинский Ибрагим-хан, заклятый враг карабахских меликов, после взятия Гандзака безо всякого сопротивления принял русское подданство (1805).

А когда несколько месяцев спустя (8 февраля 1806 года) князь Цицианов в момент вступления в Баку был предательски убит местным Гусейн-Кули-ханом[162] и весть о гибели главнокомандующего русскими

подтверждают эту генеалогию (см. Б Улубабян, «Очерки истории восточного края Армении», Ереван, 1981, с. 129-165, на арм. яз.).

Таким образом, никакой «глупости» в сохранившихся в меликских домах преданиях нет. Глупостью, скорее, является имперское пренебрежение к ним.).

[162] Обстоятельства убийства князя Цицианова широко известны, но для нас, армян, представляет интерес то, что все армянское население Баку должно было

войсками мгновенно разнеслась повсюду, все мусульманское население Закавказья пришло в сильное волнение. В это время персидская армия под командованием престолонаследника Аббас-Мирзы находилась на правом берегу реки Ерасх.

А Ибрагим-хан, несмотря на то, что всего несколько месяцев назад присягнул на верность русскому правительству, как только услышал о смерти князя Цицианова, вновь изменил данной присяге. Он тайно послал своего брата Мамад-Хасан-агу к Аббас-Мирзе и, сообщив о том, что русское войско покинуло страну, приглашал его быстрее перейти Ерасх, обещая присоединиться к персидской армии и принять участие в войне против русских.

Аббас-Мирза с огромной армией переправился через Ерасх и подошел к крепости Шуши. Здесь находилось всего несколько сот русских солдат и небольшой отряд казаков под командованием подполковника Лисаневича[163], известного местному населению под именем «дали-майор», то есть сумасшедший майор.

Армия Аббас-Мирзы уже расположилась на возвышенности возле деревни Шоши[164] и готовилась оттуда обстреливать крепость. Ибрагим-хан, захватив с собой свою семью, состоявшую из 24 человек, ночью тайно покинул крепость и двинулся к лагерю Аббас-Мирзы.

Никто этого не заметил, кроме мелика Джумшуда, который знал о намерениях хана. Мелик Джумшуд со своим конным отрядом находился в

разделить участь главнокомандующего русским войском, если бы один добросердечный перс не спас их. Еще до прихода Цицианова бакинские армяне выказывали свое сочувствие русским и готовность содействовать во взятии этой крепости. Кроме того, один армянин, близкий к Гусейн-Кули-хану и осведомленный о его злодейском замысле, тайно сообщил князю, чтобы тот опасался предательства. Князь Цицианов не обратил внимания на его предостережение и поплатился за это. Впоследствии хан решил наказать армян Баку за проявленную ими симпатию к русским. Он посоветовался с именитыми мусульманами города и получил их согласие на резню армян. С этой целью хан приказал армянам собраться в церквах. Но некий персидский хаджи, человек добрый и разумный, поспешил к хану и, указав на возможные последствия его варварского преступления, сумел смягчить его гнев и спасти жизнь армян. После этого случая армяне Баку относились с огромным уважением и благодарностью к семье этого человека.

[163] Лисаневич, Дмитрий Тихонович (1778-1825) — генерал-лейтенант, участник русско-персидского похода 1796 г., русско-персидской (1804-1813 гг.) и русско-турецкой (1806-1812) войн.

[164] Деревня Шоши, населенная армянами, находится примерно в трех верстах от крепости Шуши.

это время в крепости. Он тут же дал знать подполковнику Лисаневичу, и оба, сопровождаемые отрядом всадников, начали преследовать Ибрагим-хана. Схватив его на полпути, они пощадили лишь женщин и детей, а самого Ибрагим-хана и находившихся с ним родственников убили [165] (1806, май).

Виновник падения армянских меликств Карабаха был убит. Мелик Джумшуд отомстил не только за себя, но и за других меликов. Его отец мелик Шахназар возвысил этого злодея и за это был осужден и проклят всеми карабахцами. А достойный сын недостойного отца искупил его грехи... Но было уже очень поздно... Смерть Ибрагим-хана не могла исцелить тех ран, которые нанесли меликам Карабаха шушинские ханы...

За все эти услуги мелику Джумшуду был пожалован чин полковника.

Вот что писал мелик Джумшуд Минасу Лазаряну в своем письме от 2 декабря 1806 года: «Хотя пред сим несколько раз отвечал на письма ваши, но так как не знаю, доходят ли они до вас, то сим я вновь отвечаю на все ваши письма. Во-первых, вы не довольны тем, что наше имя не упоминается в числе князей Грузии, отличившихся в сражениях. По сему предмету хотя я и уязвлен, тем не менее отвечаю, что и мы, мелики Хамсы, более их (князей Грузии) отличались в сражениях и были достойны более высших наград и милостей, но закоренелая в сердце покойного князя Цицианова ненависть к народу армянскому (хотя он рожденных в Грузии армян и считал как бы за грузин) не дозволила ему довести до всемилостивейшего Государя про утомительную службу и старание наше, которое оказали мы во время взятия Гандзака, а также в походах эриванском и ширванском, где князь, увидев меня с войском моим в отличном порядке и служащим русскому правительству без интереса (безвозмездно, не получая за это никакого жалования), обещался исходатайствовать для меня у Императора знамя, которое, быть может, я бы и получил, если бы не случилось с князем такого несчастия. После смерти князя Цицианова я, находясь здесь и зная все злые умыслы персов и дабы утвердить за Россиею новоприобретенную карабагскую землю, изложил письменно некоторые свои соображения ген.-майору Несветаеву [166], а сам я поехал в крепость Шуши и присоединился к русским войскам.

Когда персияне узнали о смерти кн. Цицианова, то под

---

[165] Сын Ибрагим-хана Мехти-хан из-за болезни остался в крепости Шуши, и это спасло его. Впоследствии русские назначили его на место Ибрагм-хана.

[166] Несветаев, Петр Данилович — генерал-майор. Командовал Саратовским пехотным полком. В январе 1805 г. занял Эчмиадзин, при его участии Шурагельская область была присоединена к России. Участвовал в боях под Гюмри и Арпачаем. Скончался в 1808 г.

предводительством сына Баба-хана [167] Аббас-Мирзы, многочисленные войска их грянули на Карабаг, хотели перерезать все русское войско и всех находящихся в крепости армян. С этим был согласен и владетель Шуши, Ибрагим-хан, почему и получил он должное наказание.

Между тем, ген.-майору Несветаеву понравились мои соображения, почему и послал он троицкий полк в Карабаг, на помощь находящимся там русским войскам. Полк, приходя в Гандзак, взял с собой полковника Карягина [168] с его войском и поспешил к нам (в Шуши) на, помощь. Но будучи еще в дороге, написали они ко мне выйти им навстречу со своею конницей. Оставив достаточное число своего войска на защиту крепости (Шуши), я взял часть своей конницы и пошел, присоединился к ним, а чрез три дня мы все сражались вместе и с помощью Всевышнего вполне победили врагов наших и обратили их в бегство с такою стремительностью, что около 20000 кавалерии с ужасным страхом переправились чрез Аракс.

Ген.-майор Небольсин, шеф того же троицкого полка, и полковник Карягин, шеф егерского, видели меня в сражении, видели храбрость мою и моего войска, наконец, видели верность мою (ибо доставлял я провиант для русского войска во время недостачи хлеба и оказывал им многочисленные услуги) — все это очень понравилось им, а потому, прописав про все мои заслуги, просили они ген.-майора Несветаева довести до сведения всемилостивейшего Государя нашего, но, к моему несчастию и по неизвестной мне причине, он не представил. Когда же я приехал сюда, то подал прошение его сиятельству графу Ив. Вас. Гудовичу, который, надеюсь, из любви к вам и к нашему народу (которому он оказывает попечение), вознаградит меня за все, что я по ныне сделал, если, разумеется, я не буду при этом лишен помощи Всевышнего и вашей милости.

Во-вторых, пишите вы, почему мы не организуем полк? Вы должны быть уверены, что мы легко это могли бы исполнить и то без чужой помощи, если бы владели прежним богатством и народом, который, чрез голод и чуму, рассеялся в Ширван и в Грузию. Отец мой и предки наши всегда содержали при себе такие полки, образование коих требуете вы у

---

[167] Баба-ханом называли персидского Фатх Али-шаха.

[168] Карягин, Павел Михайлович — полковник. Принял участие в первой русско-турецкой войне. В 1803 Г. участвовал во взятии Гянджи. В кампании 1805 г, окруженный двадцатьютысячной персидской армией Аббас-Мирзы в Карабахской провинции, три недели противостоял натиску персидских войск в Аскеране, Шахбулахе и Мухрате. За эту кампанию Карягин получил золотую шпагу. Умер в 1807г.

меня. Но тогда они владели целым Карабагом, и все армяне и татары были их подданными. Посему, если вы желаете, чтобы народ армянский освободился от деспотизма варваров и чтобы все стеклись в отечество свое и имели бы организованные полки и хорошо служили всемилостивейшему нашему Государю, то исходатайствуйте, чтобы, во-1-ых, было повелено возвратиться в свое отечество всему рассеянному нашему народу, что в Ширване и в Грузии; во-2-ых, быть им свободным от всех податей и тягостей на три года; в 3-их, чтобы армяне не были под властью татар, ибо последние не могут всегда оставаться в верности к правительству Христом увенчанного нашего Государя[169], а напротив, день ото дня стараются ослабить народ армянский, дабы легко привести в исполнение свои злые замыслы; и в 4-х, чтобы была отпущена нам сумма, коим могли бы мы приготовить необходимое оружие для предполагаемого полка, дабы без всякой нужды был бы он готов к вступлению в поход вместе с русскими войсками. Если всемилостивейший Государь наш окажет нам такую милость, то она действительно возобновит силы армян и принудит их отовсюду стекаться под сладкое покровительство Его Императорского Величества.

Я не считаю нужным много просить вас об этом, ибо вы тысячукрат более меня стараетесь о процветании армянского народа и день и ночь не перестаете заботиться об этом. Посему я уверен, что и без моей просьбы вы неутомимо будете стараться об исполнении сего дела, чем оставите по себе вечную память о таковом благодеянии вашем».

Подписано: мелик Джумшуд Мелик-Шахназарян[170].

В 1806 году пять меликов — владетелей Карабаха пишут в Санкт-Петербург Минасу Лазаряну совместное письмо почти идентичного содержания. В этом письме мелики сетуют на то, что оказанные ими услуги не только не вознаграждаются, но о них даже не сообщается государю императору и т.д.[171]

---

[169] Русские, овладев с помощью меликов Карабахом, оставили главным правителем области заклятого врага тех же меликов — Ибрагим-хана. Ибрагим-хан изменил русским и был убит. На его мето был назначен старший сын предателя Мехти-хан, наделенный более широкими правами. Однако он совершил еще большее предательство в 1822 году он сбежал из Карабаха в Персию и, вернувшись с персидским войском, начал войну с русскими. Непонятно, почему русские чиновники того времени предпочитав этих вероломных ханов армянским меликам, которые самоотверженно служили России?

[170] Как это письмо, так и последующее опубликованы в декабрьском номере журнала г. Ерицяна «Кавказская старина» за 1872 год.

[171] Это письмо подписали 1) владетель Варанды подполковник Джумшуд Мелик-Шахназарян, 2) владетель Джраберда — мелик Арам Мелик-Межлумян, 3)

«Вы (Лазарян) говорите и вообще удивляетесь, что имя и заслуги наши нигде не упоминаются и что наши старания пропадают даром. На это отвечаем, что вот в этом и заключается наша скорбь и несчастие, ибо мы до последней капли крови не щадим себя для русского отечества и постоянно стремимся, чтобы всеподданнические чувства наши восходили до всемилостивейшего престола Его Императорского Величества, но что за польза, когда все это остается закрытым под завесами?..»

Далее мелики излагают в своем письме следующие просьбы: 1) «...чтобы дозволили нам народ, рассеянный в разных краях, собрать под наше управление»; 2) «...чтобы освободиться нам от власти хана и чтобы народ наш был бы отделен от татар и находился под управлением русского чиновника»; 3) «...чтобы нам была бы дарована, как это и обещано с давних пор, такая же милостивейшая привилегия, какою пользуется город Нахичевань (на Дону), чтобы, таким образом, право и судопроизводство наше было бы основано на обычае и преданиях наших предков». И если, пишут далее мелики, им будет дана такая милость, то они обещают «организовать войско и совместно с русскими войсками не щадить себя на верность русскому правительству до последней капли крови» Сверх того, они обещают ежегодно платить 4000 четвертей хлеба и 4000 золота.

Из этого письма видно, что мелики значительно умерили свои требования: они более не помышляли о восстановлении былых армянских княжеств Карабаха, а требовали самоуправления под протекторатом России, обещали защищать свою страну с помощью собственного войска, ежегодно выплачивая определенную дань.

Главной причиной ослабления меликов явилось переселение их подданных. Голод, эпидемия и неблагоприятные политические обстоятельства вынудили их покинуть страну. Отовсюду им делались соблазнитечьные предложения, и повсюду они были обмануты в своих ожиданиях.

Их стремление вновь объединиться на родной земле наталкивалось не только на различные препятствия, но и на прямой запрет. Считалось что эгот бесстрашный народ более необходим в тех странах, где он оказался размещен. Хотя часть карабахских переселенцев возвратилась из Грузии в родные края, но еще большее их число продолжало оставаться там. Из переселившихся в Шемаху не вернулся никто.

Наиболее тяжелым последствием этого было то, что деревни,

владетели Гюлистана мелик Багир (брат покойного мелика Фрейдуна) и мелик Абов Мелик-Бегларяны; 4) владетель Хачена мелик Алахверди Мелик-Мирзаханян, 5) владетель Дизака мелик Каграман Мелик-Аванян.

покинутые армянским населением, Ибрагим-хан и его преемник Мехти-хан заселили мусульманами. Когда часть карабахских беженцев вернулась на родину, меликам пришлось приложить немало усилий, чтобы отобрать у ханов свои деревни и земли и, удалив поселившихся там мусульман, вновь заселить их армянами — исконными жителями края. Правление русских, недавно утвердившееся, в это время было еще столь зыбким, что русские не только не имели возможности, но и не считали необходимым вмешиваться в имущественные споры меликов и ханов, и вследствие этого многие мелики утратили свои обширные владения или сумели возвратить лишь часть их. В это время не хотели, как говорится, «обижать» ханов, а преданных меликов-христиан не было нужды задабривать.

XLI

Нам остается сказать несколько слов о мелике Рустаме Мелик-Алахвердяне из Гюлатаха, и на этом мы завершим наше повествование о меликствах Хамсы

Читатель помнит, что мелик Рустам не принадлежал к числу меликов — владетелей Хамсы, а получил меликство за услуги, оказанные им мусульманским ханам крепости Шуши. Он вместе со своим войском помогал Ибрагим-хану при осаде Гандзака и стал причиной гибели мелика Межлума (см. гл. XXXIII). Немало и других услуг оказал он шушинскому деспоту в ущерб армянским меликам — обо всем этом мы уже рассказывали.

Во время последнего переселения меликов Карабаха мелик Рустам остался на родине. Его отношения с шушинским Ибрагим-ханом были настолько хороши, что ему не было необходимости искать убежища в чужих краях. Но ему грозила иная опасность — месть гандзакского Джавад-хана.

Джавад-хан не мог забыть того, что именно он, объединившись с Ибрагим-ханом, осадил его крепость, предательски подослал в нее своего тестя Апрес-агу, который возбудил против него армян и т. д.

В 1799 году, то есть три года спустя после смерти мелика Межлума, Джавад-хан посчитал, что наступил, наконец, удобный момент, чтобы отомстить мелику Рустаму. Он посылает отряд воинов во главе с Мирх-хаджи, чтобы захватить мелика Рустама и разорить его страну. Мелик Рустам, прослышав об этом, выехал с конным отрядом ему навстречу.

Вместе с меликом был и его храбрый соратник - священник тэр Арутюн.[172]

Они встретили противника в поле, называемом Султани-тап[173]. Силы противника в несколько раз превышали силы мелика. Но поскольку в те времена исход сражения чаще решался в поединке предводителей, чем в общем сражении, то Мирх-хаджи с быстротой молнии набросился на мелика Рустама. Последний не подпустил его к себе и выстрелом из ружья свалил его коня, который, падая, подмял под собой гиганта. Мелик Рустам, обнажив меч, намеревался уже нанести смертельный удар, но Мирх-хаджи взмолился о пощаде. Мелик великодушно опустил свой меч, но в это время тюрок, валявшийся у его ног, выстрелом из револьвера смертельно ранил мелика. Подоспевший тэр Арутюн нашел его в агонии. Оставив раненого, он бросился на Мирх-хаджи и убил его. Но и он погиб в том же бою.

Голову мелика Рустама привезли в Гандзак и вручили Джавад-хану, однако по просьбе местных армян он передал им голову этого храброго человека, и они похоронили ее у дверей своей церкви. А тело его покоится на кладбище его родной крепости Гюлатах[174].

Мелик Рустам не оставил после себя наследника,[175] поэтому после его смерти меликом стал Ровшан, сын его брата Мирза-бека.

Мелик Ровшан не стал подобно своим предшественникам поддерживать дружественные отношения с шушинскими ханами и воевал на стороне русских против них. Во время осады Гандзака он со своим отрядом находился в рядах армии князя Цицианова и храбро воевал против Джавад-хана, враждебное отношение к которому еще более усилилось после гибели мелика Рустама.

Когда князь Цицианов взял Гандзак, мелик Ровшан покинул Джраберд и вместе со своей семьей переселился в этот город, где пользовался особым расположением князя Цицианова.

Впоследствии он оказал множество услуг русской армии, помогая ей как материально, так и своими конными отрядами. Когда полковник Карягин потерпел поражение под Шуши от многочисленного персидского

---

[172] Этот тэр Арутюн был сыном священника Аствацатура и принадлежал к известному роду Дали-Махрасы (вардапета Авага) из села Мецшен, в котором и сегодня живут потомки Дали-Махрасы, прославившегося своим бесстрашием.

[173] Султани-тап расположено возле села Мардакерт, на правом берегу реки Тартар.

[174] Могилы мелика Рустама и его верного соратника тэр Арутюна расположены рядом; на надгробных плитах обоих высечена одна и та же дата — 1799.

[175] Спустя четыре месяца после гибели мелика его жена Вард-хатун родила Бала-бека.

войска и укрылся в крепости Шах-булах[176], то только благодаря помощи мелика Ровшана его осажденный со всех сторон отряд не погиб от голода. Мелик со своими людьми прорвал кольцо персов и доставил в крепость запас продовольствия.

Все это так прославило имя мелика Ровшана, что русские решили послать его со своим отрядом на турецкую границу, в сторону Карса. Он уже был готов отправиться в путь, но однажды ночью был ранен неизвестным в спину на мосту в Гандзаке.

Подозрение мелика Ровшана пало на юного мелика Атама, младшего сына мелика Межлума, находившееся в то время в Гандзаке. Между двумя семьями вновь вспыхнула старая родовая вражда, приведшая, как мы знаем из предшествующего повествования, к многочисленным обоюдным злодеяниям. По требованию мелика Ровшана русский комендант арестовал мелика Атама. Но через несколько дней, когда обвинения не подтвердились, он был освобожден. Это страшно оскорбило мелика Ровшана, и он написал жалобу на коменданта в высшие инстанции. Те резко осудили действия коменданта и подвергли его кратковременному домашнему аресту.

Но когда князь Цицианов был убит под Баку, мелик Ровшан лишился своего покровителя и его отношения с комендантом Гандзака постепенно ухудшились. Мелик Ровшан решил покинуть Гандзак. Он не мог направиться на свою родину в Джраберд, так как его отношения с преемником Ибрагим-хана Мехти-ханом также не были дружественными. Случай с Карягиным навлек на него ненависть шушинских ханов, которые хотя внешне и демонстрировали свою верность русским, но сердца их принадлежали персам.

Огорченный неблагодарностью за его самоотверженную службу, мелик Ровшан оставил Гандзак и перебрался в основанную когда-то его дядей, меликом Рустамом, деревню Даш-булах, где уединился на какое-то время, не принимая участия в военных действиях. В Даш-булахе еще жили армяне, переселенные меликом Рустамом из Джраберда. Мелик Ровшан взял их под свое покровительство и жил мирной жизнью. Там он и умер несколько лет спустя вследствие болезни, вызванной раной, полученной на гандзакском мосту. Он оставил после себя одного сына, по имени Алахверди-бек, который был вторым в этом роду меликом Алахверди[177] и со смертью которого меликство этого рода завершилось.

---

[176] Крепость Шах-булах, построенная на развалинах Тарнагюрта {Тигранакерта), в то время была необитаема. Расположена недалеко от крепости Шуши.

[177] Мелик Алахверди II оставил трех сыновей — Мисаел-бека, Каграман бека и Межлум-бека.

Говоря о случае с Карягиным, мы не можем не вспомнить имя мелика Вани Атабекяна из Кусапата, прославившегося во многих сражениях.

Хотя Атабекяны вели свое происхождение от старинного дворянского рода, однако отец Вани, Туни (Арутюн), был простым ремесленником, занимался ювелирным делом. В юности Вани работал в мастерской отца и был ему хорошим помощником. Но это занятие вскоре наскучило ему. В Карабахе ежеминутно звенело оружие, грохотал гул сражений — кровь рода взыграла в нем, он отложил в сторону мехи и молоточек ювелира и отправился на поле боя. Не сказав о своем решении родителям, он тайно покинул отчий дом. Спустя некоторое время они узнали, что Вани поступил на службу к джрабердскому мелику Ровшану, возглавил один из его конных отрядов и стал называться Вани-юзбаши (сотник Вани).

В 1804 году 300 семей, проживавших в Джраберде, стремясь освободиться от зверств Ибрагим-хана, перебрались в Гандзак и поселились в окрестностях этого города. Летом того же года около 500 человек из этих переселенцев умерли от жары и непривычного климата, а остальные бежали в деревню Восканапат Гандзакского ханства, где было сравнительно прохладнее.

Среди этих переселенцев был и сотник Вани. В Гандзаке он познакомился с полковником Карягиным, которому в это время было поручено оказать помощь крепости Шуши. Именно тогда (1805) персидский престолонаследник Аббас-Мирза с многочисленным войском осадил крепость Шуши, а Ибрагим-хан, незадолго до этого присягнувший на верность русскому правительству и тем не менее пытавшийся перебежать к этому заклятому врагу русских, был убит меликом Джумшудом и майором Лисаневичем (см. гл. XXXIV). Но Шуши все еще оставалась осажденной армией Аббас-Мирзы. Майор Лисаневич и мелик Джумшуд, запертые в крепости, имели в своем подчинении слишком мало сил, чтобы оказать сопротивление врагу. Им помогали главным образом жившие в крепости армяне, и они ожидали помощи извне.

Помощь должен был оказать полковник Карягин, который уже выступил из Гандзака, а сопровождал его со своим отрядом сотник Вани. Отряд русских состоял из 600 солдат и имел при себе лишь две пушки. Возле реки Тартар их встретили передовые части персов, насчитывавшие более 10000 человек. Командовал ими Пир-Кули-хан. Сражение развернулось на берегу упомянутой реки. Несмотря на то, что численность вражеского войска намного превосходила объединенные силы русских и конного отряда сотника Вани, персы были разбиты и начали отступать, бросив на поле сражения свои пушки и боеприпасы. Но на помощь им подоспел со своей огромной армией Аббас-Мирза. Всадники сотника Вани и русские солдаты отчаянно сопротивлялись несколько дней, но что могла поделать горстка храбрецов против превосходящих сил Аббас-Мирзы. Карягин был ранен, половина его солдат погибла, а оставшиеся в живых укрепились в ближайшей крепости Шахбулах[178].

Русский отряд, возможно, весь погиб бы в этой заброшенной крепости от голода и вражеского огня, если бы после восьми ужасных дней сотник Вани не вывел их ночью из крепости и не помог добраться до армянского селения Мохратах. Здесь он на собственные средства содержал и кормил русских солдат до тех пор, пока не подоспела помощь, и они, рассеяв огромную армию Аббас-Мирзы, изгнали ее на правый берег реки Ерасх. Героически проявили себя в этих сражениях мелик Джумшуд, мелик Ровшан и сотник Вани.

Впоследствии сотник Вани со своей конницей не раз принимал участие в войнах на стороне русских и каждый раз проявлял примеры замечательного мужества. Зимой 1812 года Аббас-Мирза с сильным войском вновь вторгся в пределы Карабаха. В это время батальон Троицкого полка под командованием майора Джиньи находился у реки Тартар, на зимовке, называемой Султан-буд. Персидская конница во главе с Джафар-Кули-ханом [179] внезапно атаковала упомянутую зимовку и полностью уничтожила весь батальон. Из крепости Шуши на помощь им был отправлен сотник Вани с 200 русскими солдатами, 2 пушками и отрядом армянских всадников. Но дело было закончено еще до их прибытия. О разгроме зимовки сотник Вани узнает в тот момент, когда встречает на полпути персидский отряд, принимавший участие в уничтожении русского батальона. Он вынужден был укрепиться в крепости Шахбулах, которая тут же была окружена армией Джафар-Кули-хана. Сотнику Вани пришлось проявить все присущее ему мужество, чтобы своими немногочисленными силами противостоять значительно превосходящим силам персов и выдержать обстрел крепости, продолжавшийся несколько дней.

В конце концов ворота крепости, не выдержавшие мощного пушечного огня, рухнули, и персы ворвались в крепость, но велико было их удивление, когда они в ней никого не обнаружили. Накануне ночью

---

[178] Именно в это время мелик Ровшан, доставив запасы продовольствия, спас их от голодной смерти, а мелик Джумшуд, прискакав к ним на помощь из крепости Шуши, спас от полного уничтожения.

[179] Джафар-Кули-хан — сын Мамад-Хасана-аги, а последний — сын шушинскбго Ибрагим-хана.

сотник Вани вывел своих солдат из крепости и провел их через считавшиеся непроходимыми горы в армянскую деревню Фарух. В крепости он оставил несколько человек, которые, вводя в заблуждение противника, время от времени отвечали на их выстрелы. Как только персы ворвались внутрь, люди эти, словно духи, исчезли.

Сотник Вани был одним из тех армянских героев, которые самоотверженно сражались за утверждение русского владычества в Закавказье. Он принял активное участие в Асландузском сражении, состоявшемся 20 октября 1812 года на правом берегу реки Ерасх, в котором генерал Котляревский[180] разбил армию Аббас-Мирзы. Столь же храбро действовал сотник Вани и во время взятия тем же генералом Котляревским крепости Ленкорань (1 января 1813 года).

Но вообще армяне на службе у чужих исключительно скромны: совершают крупные дела, но удовлетворяются малыми требованиями.

Сотник Вани за свою службу получил от русского правительства чин прапорщика, медаль и пенсион. А шушинский Мехти-хан (сын Ибрагим-хана) подарил сотнику Вани его родное село Кусапат и пожаловал титул мелика. Отныне он должен был называться мелик Вани.

Так как последние наследники прежних владетелей Джраберда (мелик Атам II Мелик-Исраелян) переселились в область Гандзак, а последние наследники новых меликов (мелик Ровшан Мелик-Алахвердян) — в Нухинскую область, то Джраберд остался без меликского правления. И только мелик Вани был достоин управлять Джрабердом и защищать в этот период гавар от бурных событий; он и получил от Мехти-хана меликство Джраберд.

Мелик Вани был не только доблестным воином, но и мудрым правителем. Он на протяжении 42 лет мирно исполнял должность мелика Джраберда, постепенно вернул на родину рассеявшихся жителей этого края, развил земледелие и ремесла. Он умер в глубокой старости (1854), и после него род Атабекянов еще более укрепил свой авторитет в Карабахе[181].

---

[180] Котляревский, Петр Семенович (1782-1851) — генерал от инфантерии, в 14 лет стал участником персидской войны, предпринятой в конце царствования Екатерины II, в 17 лет был произведен в офицеры и отличился подвигами во время военных действий в Закавказье, особенно в сражениях при Асландузе и штурме крепости Ленкорань.

[181] У Мелика Вани было четверо сыновей Овсеп-бек, Саргис-бек, Атабек (полковник) и Микаел-бек. А брат мелика Вани, сотник Акоп, оставил только одного сына — Аслан-бека, сыновьями которого были Нерсес-бек Мовсес-бек и Никола-бек.

XLII

В 1808 году умер католикос Карабаха Исраел. Это был тот самый злодей, который предал армянских меликов, погубил католикоса Ованеса и благодаря этому предательству стал любимцем Ибрагим-хана (см. главы XX и XXI).

Нам известно, что брат Ованеса католикос Саргис Хасан-Джалалян, преследуемый тем же злодеем, вместе с беженцами из Карабаха жил в Ахпатском монастыре, принадлежавшем тогда Грузии. Там пробыл он целых 14 лет (см. главу XXXVII).

Когда католикос Саргис услышал о смерти своего заклятого врага — католикоса Исраела, узнал о том, что непримиримый враг армян — Ибрагим-хан — убит, а армянские мелики переселились вместе со своими подданными из Грузии в Карабах, — он решил вернуться в Гандзасарский монастырь и вновь занять престол католикоса Агванка.

Он решил послать вначале своего племянника вардапета Багдасара, а затем отправиться самому.

В 1808 году, то есть в год смерти католикоса Исраела, вардапет Багдасар отправился из Тифлиса в Карабах [182]. Он нашел монастырь Гандзасар в полном запустении. Энергичный, деятельный и трудолюбивый вардапет сумел в короткое время не только привести в порядок монастырь, но и частично возвратить монастырские владения, перешедшие в руки тюркских беков и армянской знати.

Когда в монастыре Гандзасар все было приведено в порядок, католикос Саргис покинул Грузию и из Ахпатского монастыря переселился в Карабах (1812). Вместе с ним переселились и те беженцы из Карабаха, которые еще оставались в Грузии.

Вскоре после возвращения католикоса Саргиса в Гандзасар между ним и Эчмиадзином возник новый спор. Причиной его было тщеславие католикоса.

В XXXVII главе нашей истории мы рассказали, что Католикос Саргис во время своего пребывания в Грузии отправился в Эчмиадзин, где дал

---

[182] Вместе с вардапетом Вагдасаром в Карабах отправился и сын другого брата католикоса (Габриел-бека) мелик Григор. В том же примечании мы считаем необходимым отметить и то, что в числе родственников католикоса Саргиса, находившихся в Грузии, был и его брат Алахкули-бек. Это был тот самый изменник, который выдал Ибрагим-хану меликов Карабаха, тайно переписывавшихся с русским правительством (см главу XX). Покрытый бесчестием, он скитался по Грузии до тех пор, пока карабахские мелики не отомстили ему, отрезав голову и скрыв тело...

обещание не пользоваться титулом и печатью католикоса, а удовлетвориться титулом и печатью архиепископа, благодаря чему получил пастырство над Ахпатским монастырем и проживавшими в Грузии переселенцами из Карабаха. И на протяжении 14 лет он правил в Грузии своей паствой в качестве архиепископа. Но сразу же после возвращения в Карабах он вновь стал называть себя католикосом Агванка и пользоваться католикосскими правами. Подобное поведение Саргиса, естественно, должно было вызвать неудовольствие Эчмиадзина.

Из Эчмиадзина потребовали, чтобы он выполнил данное им обещание, но он не только игнорировал это требование, но, прибегнув к защите преемника Ибрагим-хана Мехти-хана, объявил себя полностью независимым от Эчмиадзина. Эта междоусобица продолжалась целых три года, до тех пор, пока высшее духовное управление Эчмиадзина с помощью русских властей принудило в 1815 году Саргиса отказаться от титула католикоса и принять титул митрополита с правами архиепископа. Так завершилась история католикосата Агванка, восходящая к временам Григориса — внука Просветителя.

Еще при жизни митрополита Саргиса его племянник вардапет Багдасар был послан в качестве его преемника в Эчмиадзин, где был помазан в епископы. И поскольку на протяжении веков католикосами Агванка неизменно были представители рода Хасан-Джалалянов, то теперь Саргис хотел, чтобы традиция эта была сохранена и для начавшейся с него истории митрополитства Агванка.

Отправившись в 1820 году в Эчмиадзин и приняв из рук католикоса Ефрема сан епископа, Багдасар вернулся в монастырь Гандзасар и, поскольку Саргис был уже в весьма преклонном возрасте, фактически принял на себя духовное управление епархией.

В 1826 году Карабах ждала новая беда: персидский престолонаследник Аббас-Мирза с 80-тысячным войском перешел Ерасх и овладел Карабахом; местные мусульмане примкнули к персам. Комендант Шуши полковник Реутт[183] с небольшим русским гарнизоном оказался запертым в крепости. 48 дней держал Аббас-Мирза осаду крепости. Одновременно зять Фатх-Али-шаха Эмир-хан сардар и старший сын Аббас-Мирзы Мамед-Мирза с огромным войском направились в провинцию Гандзак, овладели крепостью Гандзак и оттуда двинулись в Шамхор, готовясь к походу на Тифлис. Христианское население края находилось в отчаянии.

---

[183] Реутт, Иосиф Антонович — полковник, командир 42-го егерского полка. В 1886 г. был осажден в Шуши Аббас-Мирзою. В 1829 г. управлял занятым русскими войсками Карсским пашалыком.

В последующих главах нашей истории будет рассказано, как усилиями генерала князя Мадатова персы были разбиты и изгнаны, а сейчас остановимся лишь на том, что касается митрополита Саргиса.

Армянам грозило полное истребление. Народ в ужасе бежал, ища укрытия в горах и лесах. Занятие русскими войсками Карабаха Аббас-Мирза объяснял не столько мощью русского оружия, сколько действиями армян в пользу русских (и действительно, русские для овладения Карабахом вовсе не пролили крови). Поэтому он хотел покарать армян, которые, по его мнению, изменили вековой преданности персам.

Для того чтобы смягчить гнев Аббас-Мирзы и спасти армян от его мести, престарелый митрополит Саргис, взяв с собой правителя Джраберда мелика Вани Атабекяна и правителя Гюлистана мелика Овсепа II Мелик-Бегларяна [184], отправился к Аббас-Мирзе. Персидский престолонаследник принял его в деревне Ханкенди, расположенной в нескольких верстах от крепости Шуши.

Слезы старого митрополита и красноречие мелика Вани смягчили гнев престолонаследника. Аббас-Мирза пожаловал им богатые «халаты» и, успокоив, отправил в обратный путь, обещав не причинять вреда армянам, если они останутся верными персам и перестанут помогать русским.

Конечно, армяне не могли не симпатизировать русским и, как увидим далее, всячески способствовали победам князя Мадатова над Аббас-Мирзой и полному изгнанию персидских войск из Карабаха. Тем не менее визит к Аббас-Мирзе дорого обошелся митрополиту Саргису и двум меликам.

Когда персидские войска были изгнаны из Карабаха, князь Мадатов приказал арестовать всех троих. Посещение непримиримого врага русских расценивалось как своеобразное предательство. Митрополита Саргиса выслали в Тифлис, где он был заключен в тюрьму. А мелика Вани Атабекяна и мелика Овсепа Мелик-Бегларяна отправили в Баку, чтобы оттуда сослать в Сибирь.

Восемь месяцев и мелики, и митрополит Саргис находились в заключении. В конце концов их невиновность была доказана, и они были освобождены.

Митрополит Саргис был освобожден стараниями Нерсеса (будущего католикоса). Но те мучения, которые он перенес во время заключения крайне отразились на его здоровье, и вскоре после возвращения из Тифлиса он скончался (1828).

Спустя два года после смерти Саргиса (1830) мелики Карабаха обратились к католикосу Ефрему в Эчмиадзин с просьбой назначить его

---

[184] Мелик Овсеп II — старший сын покойного мелика Фрейдуна.

преемником епископа Багдасара, племянника покойного. Багдасар был вызван в Эчмиадзин и в тот же год получил сан митрополита.

Следует считать особой удачей, что в тот момент, когда русские овладели Карабахом и Ереванской областью, в Эчмиадзине находился церковник, подобный Нерсесу, а в монастыре Гандзасар — митрополит Багдасар. Их деятельность имела много общего, с той лишь разницей, что Нерсесу присущи были политические идеалы, а Багдасару — стремление к церковному и монастырскому благоустройству.

Если бы не митрополит Багдасар, то сегодня монастырь Гандзасар и другие монастыри Карабаха не обладали бы поместьями площадью в несколько сотен тысяч десятин.

Во время пребывания меликов Карабаха и митрополита Саргиса в Грузии имения, принадлежащие монастырям, оказались заброшенными и перешли в руки различных тюркских беков. Потребовались огромные усилия со стороны митрополита Багдасара, чтобы вернуть монастырям если не все утраченное, то хотя бы значительную его часть.

Истины ради следует признать, что митрополит Багдасар, как и все наши высокопоставленные церковники, имел и свои слабые стороны. Дело в том, что, стремясь как-то улучшить положение своих бедных родственников — Хасан-Джалалянов, он выделил им небольшую часть монастырских угодий... Свою долю получил и визирь митрополита.

Но эту слабость следует считать вполне извинительной на фоне той деятельности, которую он проводил по возвращению принадлежащих монастырям поместий, попавших в руки различных захватчиков.

Иначе относился к монастырской собственности католикос Исраел, современник католикоса (впоследствии митрополита) Саргиса. Вспомним, что этот католикос Исраел, любимец Ибрагим-хана, выдавший ему карабахских меликов, не принадлежал к роду католикосов Гандзасарского монастыря Хасан-Джалалянов, а был одним из самозваных католикосов монастыря Ерек Манкунк. Возможно, читатель не забыл, что во время пребывания меликов Карабаха и католикоса Саргиса в Грузии Исраел под защитой Ибрагим-хана правил католикосатом Агванка. Этот изменник умер в доме одного из своих родственников, гнусное имя которого упоминать здесь у нас нет никакого желания. В том же доме католикос хранил собранные из нескольких богатых монастырей Карабаха серебряные сосуды, святыни и драгоценные одеяния. После смерти католикоса все это досталось его родственнику. Эта утрата не оказалась бы столь значительной, если бы здесь же не находились и купчие крепости различных монастырей. И если митрополиту Багдасару не удалось вернуть всю собственность, принадлежащую монастырям Карабаха, то одной из основных причин этого явилось то, что купчие крепости находились у того человека, в доме которого умер католикос Исраел. Этот господин различными окольными и темными путями либо присвоил эти поместья, либо, тайно получив деньги и уничтожив монастырские купчие, позволил тюркам овладеть ими.

Митрополит Багдасар решил вначале отобрать у захватчиков поместья, находящиеся в гаваре Хачен и принадлежавшие монастырю Гандзасар. Эти владения были столь обширны, что на них были расположены около 60 принадлежавших монастырю деревень, окруженных богатыми лесами, пашнями и пастбищами. Но ему удалось вернуть в собственность монастыря только 30000 десятин, большая же часть земли осталась спорной.

Смысл деятельности митрополита Багдасара по возвращению монастырских угодий состоял не в том, чтобы обеспечить существование монастырей и монахов, а главным образом в том, чтобы они стали постоянным и устойчивым источником доходов для основания школ в различных местах Карабаха.

Хотя сам митрополит Багдасар был человеком необразованным и, как и всякий карабахец, грубоватым, но в то же время, как и всякий карабахец, был наделен природным умом, упорством и дальновидностью[185]. Он не получил образования, но страстно тянулся к знаниям. Основал при монастыре Гандзасар школу и пригласил в нее в качестве учителя и управляющего прекрасного оратора и арменоведа вардапета Овсепа[186] из Нухинской области.

В 1836 году в Шуши была учреждена консистория уездного духовного управления. Митрополит Багдасар был приглашен в Эчмиадзин и, присягнув там на верность, был назначен католикосом Ованесом Карбеци[187] епархиальным начальником (1837). Естественно, что тем самым права Багдасара существенно ограничивались. Прежде он считался митрополитом Агванка и был независимым в своей духовной власти, но после учреждения консистории оказался в прямом подчинении Эчмиадзина, который нередко препятствовал свободной деятельности митрополита... Он вынужден был покинуть монастырь Гандзасар — многовековую резиденцию католикосов Агванка — и перебраться в

---

[185] Шутки митрополита Багдасара, вымышленные анекдоты о нем среди армянского населения Карабаха столь же популярны, как и притчи Моллы Насреддина.

[186] Этот вардапет Овсеп, оставивший после себя множество учеников и доброе имя, как позже стало известно, был на самом деле епископом, но, скрыв свой высокий сан, занимался преподаванием как простой учитель.

[187] Ованес Карбеци — католикос всех армян (1831-1842).

крепость Шуши. Здесь митрополита ожидало широкое поле деятельности, но одновременно и тяжелая работа.

Первым шагом митрополита явилась попытка вернуть обширные поместья, принадлежавшие монастырю Хота[188] и незаконно захваченные дочерью Мехти-хана Хуршит и другими тюркскими беками вследствие тех же обстоятельств, что и собственность других монастырей Карабаха.

На сей раз противниками митрополита были люди могущественные и влиятельные. Но настойчивый и не отступающий перед трудностями Багдасар в течение нескольких лет судился с дочерью хана и другими беками, пока не отобрал у них около 150000 десятин, принадлежавших упомянутому монастырю. Эти земли простираются вдоль южного и северного берегов реки Тартар и называются Додху-Калбаджар, Лева и Марджумак. Судебные издержки митрополита составили почти 30000 рублей, что в то время представляло огромную сумму.

Владения монастыря Хота — национальное богатство, стоимость которого исчисляется миллионами, — представляют собой, по сути, целую область. На них, помимо прекрасных девственных лесов, помимо обширных пастбищ и гор, помимо просторных и плодородных пашен, расположено около ста деревень. В горах и долинах кочевало около двадцати пастушеских племен. Они выплачивали монастырю Хота (то есть духовному управлению Карабаха) ничтожную плату — называть ее просто смешно...

---

[188] Монастырь Хота, или Хута, находится в Верхнем Хачене, на берегу реки Тартар. В 1214 году этот монастырь на собственные средства основала княгиня Арзу-хатун в честь апостола Тадея (Фаддея) (*Монастырь назывался Хута, или Дади. Название Хута возникло от арм. «хут» — «холм», ибо комплекс расположен на холмистом правом берегу реки Тартар, в районе нын. Келбаджара. Название Дади связано с преданием, согласно которому епископ Дади, или Дадо, был предан мученической смерти в Арцахе за проповедовывание христианства.*

Этот монастырь — один из древнейших памятников церковной архитектуры в крае, основан в IV-V вв. В первой половине XII века сельджуки разрушили до основания все монастырские строения. Представители княжеского рода Атерка (Хасан Старший, его сыновья — Вахтанг и епископ Григор) в короткое время восстановили разрушенные и построили новые церкви и часовни, возродили былую активную деятельность епископата.

Таким образом, жена Вахтанга Арзу-хатун в 1214 году не «основала монастырь», а построила рядом со строениями предшественников церковь Сурб Хач (Святого Креста), сохранившуюся поныне в восточной части монастырского комплекса (см. Б Улубабян, «Монастырь Дади, или Хута», журнал «Эчмиадзин», 1971, № 6-7, на арм. яз).) Несмотря на то, что этот монастырь владеет богатейшими поместьями, они сегодня вследствие беспечности наших ленивых церковников полностью заброшены и используются скотоводами-тюрками для содержания скота.

Митрополит Багдасар оставил своему народу поистине огромное наследие, но его нерадивые преемники постепенно расточили это богатство[189].

Среди полезных деяний митрополита Багдасара можно упомянуть и строительство в 1843 году прекрасной резиденции, ставшей одним из замечательных сооружений крепости Шуши. Он приобрел также обширную территорию, примыкающую к той же резиденции, с целью построить там специальное здание школы, но преждевременная смерть помешала митрополиту осуществить этот замысел[190].

Заслугой митрополита Багдасара явилось и возвращение Амарасской церкви св. Григориса. Ввиду того, что эта церковь долгое время оставалась в запустении, тюрки заняли ее, назвали понятным для себя именем Аг-оглан[191] и объявили святым местом. Земли, окружавшие монастырь, и все поместья, расположенные в Амарасской долине, находились во владении тюрок. А просторные залы монастыря и весь комплекс, кроме церкви, русские использовали как таможню.

Стараниями митрополита в 1848 году русское правительство распорядилось перенести таможню на берег реки Ерасх, в Джабраил, а монастырь с его поместьями передать в собственность армянских духовных властей.

Помимо приходской школы, митрополит Багдасар основал в крепости Шуши типографию, оборудование для которой он приобрел у находившейся в то время в Карабахе немецкой миссии, после того как

---

[189] Из описания нашего путешествия в Сюник, пока еще не опубликованного (*Речь идет о незавершенных путевых заметках «Два месяца в Агванке и Сюнике». Семь глав этой работы опубликованы после смерти Раффи в журнале «Лума» (1896, №№ 1-2)*), читатель сможет узнать о бедственном состоянии монастырских поместий в Карабахе и, в частности, о варварском расточении поместий монастыря Хота. Здесь же отметим, что после смерти митрополита Багдасара вследствие беспечности высших духовных властей Эчмиадзина и корыстолюбия некоторых епархиачьных начальников часть поместий монастыря Хота вновь отошла к дочери Мехти-хана Хуршит, другой частью завладели генерал Хасан-бек Агаларов и другие беки, а оставшееся либо поделили между собой различные частные лица, либо отошло в собственность двора. Ныне в бесспорном владении монастыря Хота осталось около 100000 десятин, а по поводу оставшейся части духовное управление вот уже несколько лет вновь ведет тяжбу в суде.

[190] В 1872 году архиепископ Саргис Хасан-Джалалян завершил строительство школы и расширил здание резиденции. С тех пор в нем помещаются приходская духовная школа, резиденция и консистория.

[191] Аг-оглан означает «белый мальчик». В монастыре Амарас покоились мощи внука Григора Просветителя Григориса, который был рукоположен в католикосы в юности. Вероятно, поэтому иноплеменники назвали его «белым мальчиком».

русское правительство выслало ее из Карабаха. Он послал значительную сумму в конгрегацию мхитаристов в Венеции, получил от них по одному экземпляру всех имевшихся изданий и создал при школе богатейшую библиотеку, собрав в ней и замечательные рукописи, хранившиеся в монастырях Карабаха. Он намеревался со временем издать их в собственной типографии[192].

Возможно, этот деловой и энергичный человек принес бы больше пользы Карабаху, прожив он еще несколько лет. Однако изнуряющий ревматизм, приобретенный им в последние годы, начал обостряться, и он умер 27 июня 1854 года в возрасте 79 лет. Прах его погребен в притворе монастыря Гандзасар, рядом с могилами двух братьев его отца — католикоса Ованеса и митрополита Саргиса [193]. С его смертью окончательно завершилась история митрополитства Агванка.

После митрополита Багдасара из рода Джалалянов лишь архиепископ Саргис [194] (5) довольно продолжительное время исполнял должность епархиального начальника Карабаха: после его смерти род Хасан-Джалалянов более не дал ни одного видного священнослужителя.

Наиболее известным из последних меликов Хачена стал брат митрополита Багдасара мелик Алахверди II Хасан-Джалалян, умерший в 1827 году. После его смерти меликство этого рода завершилось. Он оставил четырех сыновей: священника Иеремию, вардапета Мовсеса, Абраам-бека и Овсеп-бека.

XLIII

12 октября 1813 года возле крепости Зейва [195] был подписан Гюлистанский мирный договор, в соответствии с которым Персия признала собственностью России Карабахское, Шемахинское, Гандзакское, Шекинское, Талышское, Бакинское, Кубинское и Дербентское ханства.

---

[192] Эта богатейшая библиотека ныне почти полностью разграблена, многие рукописи попали в руки различных частных лиц. Мы обнаружили в ней лишь рукописную историю Агванка, половина которой отсутствует.

[193] На надгробии высечена следующая эпитафия. «Это могила митрополита — великого архиепископа Багдасара, пастыря армян в стране Агванк. Из рода великого князя Джалала, владетеля Арцахской страны. В лето 1303 (1854), июля 9-го»

[194] Как выяснил сам Раффи уже после выхода «Меликств Хамсы», Саргис епископ Джалалянц не принадлежал к роду Хасан-Джалалянов.

[195] Зейва — крепость, принадлежавшая Мелик Бегларянам.

Казалось, что с подписанием этого договора должны были закончиться русско-персидские войны, должны были прекратиться непрестанные набеги воинственного Аббас-Мирзы на принадлежащие русским земли. Но перемирие длилось недолго. Этот договор Аббас-Мирза использовал главным образом для того, чтобы выиграть время, объединить свои силы и вернуть утраченные провинции.

Для защиты указанных ханств и окончательного покорения кавказских горцев нужен был человек, знакомый с местными условиями.

В это время своими блестящими победами громкую славу приобрел генерал князь Мадатов, армянин по происхождению. Этот герой считался одним из храбрейших и способнейших военачальников русской армии, а его знание обычаев восточных народов и способов войны с ними неизменно приводило его к победам.

Имея в виду упомянутые достоинства князя, он, по рекомендации генерала Ермолова, назначенного в 1816 году главнокомандующим в Грузии, в том же году высочайшим указом был назначен командиром Отдельного Кавказского корпуса.

А в 1817 году он назначается военно-окружным начальником Карабахского, Шекинского и Ширванского ханств. Ему был поручен надзор за управлением и благоустройством упомянутых ханств.

Князь Мадатов вышел из Карабаха в лаптях, а вернулся на родину в чине генерал-лейтенанта, грудь его украшали многочисленные ордена. Все, чем он владел, было достигнуто благодаря личному мужеству и самоотверженности в сражениях. Отчий край восторженно приветствовал его: сердца всех армян были исполнены гордости и тщеславия. Воодушевление меликов не знало границ: все надеялись, что благодаря князю они восстановят свои исконные права.

Два года князь был занят тяжелейшей войной с кавказскими горцами, которая завершилась завоеванием северного Дагестана и успокоением местных полудиких разбойничьих племен.

Вернувшись в Карабах, князь приступил к благоустройству порученных его надзору трех ханств: основал в них уездные суды, или диваны, и часто лично присутствовал при разборе дел.

А правителем Карабаха вновь оставался преемник Ибрагим-хана Мехти-хан, получивший к этому времени от русских чин генерала и сохранивший прежние, хотя и ограниченные, ханские права. Мы говорим «ограниченные» лишь потому, что ему было запрещено наказывать, приговаривать к смерти, а во всех остальных случаях он ныне, можно сказать, имел больше прав, чем при персидском господстве. Он самовольно дарил земли, селения, поместья (конечно, не свои собственные) или же отнимал их у одних и передавал другим, одним словом, вел себя в отношении земли и подданных края как полновластный хозяин.

Этот произвол Мехти-хана основывался на ошибочном понимании русскими прав ханов и распространения их границ. Русским, знакомым в своей стране с крепостничеством, с неограниченными правами помещиков на землю и крепостных, которых обменивали даже на охотничьих собак, — этим русским, понятно, подобное поведение хана не казалось необычным, тем более, что они считали его властителем и владетельным князем Карабаха.

В то время русские были еще недостаточно знакомы с порядками правления, законами и обычаями Персии. Хан, если он владел какой-либо деревней или поместьем, мог продать их как обычный собственник. Но он не являлся хозяином или царем страны и не имел права распределять общественную землю, дарить ее, кому угодно, или отбирать, у кого вздумается. Повторяем, подобный произвол хана возник благодаря непониманию русскими чиновниками того времени прав хана, и ханы постарались извлечь выгоду из этого обстоятельства. Это мы увидим далее.

В нашу задачу не входит, да это и увело бы нас далеко в сторону от цели нашей истории, описание поместных или земельных (мюлькадарских) законов и обычаев, существовавших в Персии в целом и в Карабахе как персоподданной области, в частности. Отметим лишь, что в Карабахе, как и во всей Персии, земля являлась собственностью общины (эллига), но не в том смысле, что община должна была раздавать землю крестьянам в соответствии с числом членов каждой семьи. Каждый крестьянин являлся хозяином принадлежащей ему земли, он имел право продавать, отдавать в заклад или прикупать землю у соседа. В то самое время каждое село имело своего хозяина: им мог быть какой-либо мелик, хан или монастырь. Хозяин обладал лишь правом получать определенную часть урожая (чопбаши) крестьянина. Но он не имел права отбирать землю у одного крестьянина и передавать другому. Более того, если бы сам владелец захотел проводить сельскохозяйственные работы на земле принадлежащего ему села, крестьяне могли не позволить ему этого. У него были свободные земли, которые он обрабатывал.

Правом владения[196] деревнями в Карабахе обладали либо армянские мелики, либо армянские монастыри. Ханы вначале не имели ни деревень, ни частных поместий.

Для подтверждения этого достаточно привести несколько фактов.

---

[196] Говоря «право владения», мы имеем в виду лишь право на получение определенной части собранного урожая.

Панах-хан, как известно нашим читателям, был первым, кто потеснил меликов и заложил основание магометанского ханства. Во всем Карабахе он не мог найти места, чтобы возвести крепость: место, где была расположена крепость Шуши, он купил у князя Варанды мелика Шахназара. Во всем Карабахе не было клочка земли, который он мог использовать для своего родового кладбища, и поэтому он приобрел у князей Хачена Хасан-Джалалянов Агдам (возле Аскерана), служащий и сегодня родовым кладбищем для его потомков.

Сын Панах-хана Ибрагим-хан, более могущественный, чем его отец, также не имел своих поместий: он не владел землей в Карабахе, хотя и считался правителем этой области. Для того, чтобы обеспечить своих наследников и братьев средствами к существованию, он купил у нухинских беков поместья за пределами Карабаха, в магале Барда. Из сказанного видно, что ханы были не владетелями, а правителями страны, назначенными Персией.

Исконными хозяевами страны были представители пяти армянских меликских домов, которые веками, из поколения в поколение, наследственно владели Карабахом.

Когда армянские мелики вместе со своими подданными, о чем рассказано в предшествующих главах, переселились в Грузию, Ширван и Гандзак, брошенными ими землями и селами, действительно, завладел Ибрагим-хан и заселил их мусульманами. Но когда спустя годы мелики вместе со своим народом вернулись, они изгнали мусульман и вновь стали хозяевами своих земель и деревень.

Однако поскольку часть беженцев осталась на чужбине и последние потомки некоторых меликских родов (например, джрабердских Мелик-Исраелянов и дизакских Мелик-Аванянов) были полностью уничтожены, то земли их остались без хозяев, и Ибрагим-хан завладел ими, то есть сам стал получать ту часть урожая, которую раньше получали прежние владельцы этих земель Он, помимо права на часть урожая, не обладал никакими правами ни над землею, ни над обрабатывающими ее крестьянами. Крестьяне были свободными подданными государства, а земля являлась собственностью сельской общины, как это показано нами выше.

Во времена преемника Ибрагим-хана Мехти-хана обстоятельства переменились. Хотя русские в это время уже овладели Карабахом, однако земельный вопрос и права хана еще не были определены. Русские, как было сказано выше, были слишком высокого мнения о роли хана. Используя это обстоятельство, Мехти-хан начал пользоваться большими правами, чем прежде.

И хан, и его окружение хорошо понимали, что времена их уже

миновали, понимали, как преходяще и неустойчиво их положение, и поэтому спешили воспользоваться предоставившимися возможностями.

Мехти-хан начал щедро раздавать своим близким, родственникам и друзьям земли, села и поместья. Уверенность действиям хана придал сам князъ Мадатов, который как военно-окружной начальник был назначен русским правительством для надзора за деятельностью хана и поддержания порядка в недавно завоеванном крае.

О происхождении князя Мадатова мы подробно рассказали в одном из примечаний к главе XXXVI. Его отец, Мехрабенц Гюки, был простым крестьянином, жил в крепости Чанахчи (Аветараноц) и исполнял скромную должность в доме владетелей Варанды Мелик-Шахназарянов. Брат его матери сотник Петрос Мадатян был экономом в доме мелика Джумшуда Мелик-Шахназаряна. Князь избрал себе материнскую фамилию, звучавшую более благородно, и, отказавшись от прежнего имени Ростом, стал называться Валерианом Григорьевичем Мадатовым.

Так как свой княжеский титул в Санкт-Петербурге он получил благодаря свидетельству мелика Джумшуда Мелик-Шахназаряна (см. гл. XXXVI), то теперь, вернувшись со славой на родину — в Карабах, решил «отблагодарить» своих благодетелей Мелик-Шахназарянов, завладев их поместьями Мехти-хан подарил ему 15 деревень в Варанде с их обширными землями, границами и населением. Эти деревни являлись вековой вотчиной Мелик-Шахназарянов. Вся Варанда, как известно читателям, с древних времен находилась во владении Мелик-Шахназарянов.

В числе упомянутых 15 деревень была и Чанахчи (Аветараноц), где находились укрепления Мелик-Шахназарянов, дворцы мелика Хусейна I, мелика Баги и мелика Шахназара II. Князь Мадатов приказал разрушить дворец последнего и вместо него воздвиг новый. Когда у него спросили, почему он приказал разрушить дворец, князь со смехом ответил: «Когда мелик Шахназар строил этот дворец, я был еще мальчиком. Я перетаскал столько камней при сооружении этого дворца, что у меня до сих пор болит спина».

Содержание дарственной грамоты Мехти-хана, согласно которой упомянутые 15 деревень были переданы князю Мадатову, само по себе свидетельствует о ее характере. Хан в своей грамоте заявляет, что поскольку предки князя Мадатова с давних времен владели упомянутыми 15 деревнями в Карабахе, а в отсутствие князя эти деревни были захвачены (кем?), то хан возвращает эти деревни князю в качестве законного наследства его предков и т. д.

Но общеизвестно, кто были предки князя. Всем также известно, владели ли они поместьями...

Об участии самого князя Мадатова в составлении этой дарственной можно судить по тому, что князь получил эти деревни с их жителями на правах крепостного владения. Но крепостного права ни в персидской, ни в турецкой Армении никогда не существовало.

Князь, хотя и родился в Карабахе, но, получив образование в высших дворянских кругах русских столиц, был воспитан в духе аристократии того времени. В России в то время существовало крепостное право, и крепостничество представлялось князю необходимостью, которую он пожелал ввести и в подаренных ему деревнях.

Понятно, что подобное чуждое и в то же время бесчеловечное новшество должно было вызвать, с одной стороны, недовольство крестьян, а с другой — протест наследников Мелик-Шахназарянов, ибо упомянутые поместья принадлежали их роду.

Но самое важное заключалось в том, что поведение князя Мадатова ослабило наследственные права. Всех владетельных меликов Карабаха и усилило влияние хана.

Естественно, что когда он в соответствии с дарственной хана получил 15 деревень, то вынужден был, дабы придать ей законный характер, в качестве местного военно-окружного начальника, поставленного для надзора за деятельностью хана, не только признать за ханом право распределять и дарить, но и склонить к признанию этого права русское правительство, которое было еще недостаточно осведомлено в местных делах. С другой стороны, он должен был стремиться к уничтожению владетельных прав меликов, признанию хана единственным хозяином и властителем края. Так он и поступил.

Следствием всего этого явилось то, что Мехти-хан начал лишать исконных владельцев (каковыми были армянские мелики, монастыри и армянский народ) их земель и раздавать их направо и налево своим родственникам и близким. Среди армянских меликов в это время уже не было таких значительных людей, которые могли бы протестовать против злоупотреблений хана и сообщить о них, куда следовало. А князь Мадатов, как говорится, смотрел сквозь пальцы на беззакония хана и позволял ему распределять земли, выдавать дарственные, тем самым придавая законную форму и своим приобретениям.

Каждый, кто имел возможность внимательно ознакомиться с бумагами, хранящимися у крупных или мелких владельцев поместий в Карабахе, обязательно должен был заметить, что все эти бумаги, за крайне редким исключением, составлены во времена Мехти-хана и заверены его печатью. И, наоборот, весьма редко можно встретить дарственную на какую-либо деревню или крупное поместье, относящуюся ко времени его предшественников — Панах-хана или Ибрагим-хана, — которые были могущественными людьми и под властью которых какое-то время находился весь Карабах.

Как уже было сказано, эти незаконные распределения совершались при Мехти-хане, когда русские овладели Карабахом и когда князь Мадатов был назначен местным военно-окружным начальником и обязан был надзирать за деятельностью хана.

О том, какие люди получали деревни и обширные поместья, свидетельствуют, например, следующие факты.

Братья Фараджулла-бек, Рахим-бек, Ибрагим-бек и Гасан-бек получили от Мехти-хана 8 деревень. Их отец (Угурлу) исполнял при Мехти-хане должность палача.

Сыновья погонщика мулов Мехти-хана Мурада — Вали-бек и Таир-бек — также получили несколько деревень.

Населенная армянами деревня Тех, насчитывавшая несколько сотен домов, принадлежала армянину мелику Григору. Из этой деревни на строительство крепостных стен Шуши был взят простой армянский крестьянин. И поскольку его принуждали много работать, он принял магометанство и стал называться Касым. Сын этого Касыма Ростом-бек стал экономом в доме Мехти-хана, а его сын Асат-бек получил от Мехти-хана в дар село Тех.

Рассказывают, что когда племянник Мехти-хана Джафар-Кули-хан заметил, с какой щедростью распределяются деревни Карабаха, он также составил список из 12 деревень, но поскольку его отношения с дядей не были хорошими, он передал этот список Мехти-хану через упомянутого эконома Ростом-бека с просьбой закрепить за ним перечисленные деревни. Ростом-бек составил дарственную на эти 12 деревень, заверил ее печатью хана и передал Джафар-Кули-хану. А последний через несколько дней стал сожалеть о том, что не включил в список и армянскую деревню Хнацах, которая расположена недалеко от крепости Шуши и могла служить ему для летнего отдыха. Он вновь обращается к посредничеству Ростом-бека. Эконом, в соответствии с персидским обычаем, на полях дарственной добавляет название деревни Хнацах, и передает ее хану на утверждение. Но Мехти-хан не может припомнить, чтобы он выдавал подобную дарственную племяннику, которого люто ненавидел. Он попросту разорвал бумагу и отбросил в сторону. Выяснилось, что документ этот впервые был представлен хану на утверждение в тот момент, когда он находился в состоянии опьянения...

Мехти-хан имел обыкновение употреблять ром в огромных количествах и редко бывал трезвым.

Таким образом, родственники, погонщики мулов и другие лица из окружения Мехти-хана вместе с титулом «бека» одновременно получали деревни, обширные земли и т. д. И все это было собственностью армянских меликов.

Но это самоуправство не могло продолжаться долго. Все знали, что русское правительство в конце концов поймет, что творится подлог, и положит конец произволу хана.

Знали и то, что у Мехти-хана, постоянно находящегося в состоянии опьянения, слабая память: он мог сегодня с легкостью отказаться от данного вчера обещания или документа. Поэтому воспользовавшиеся состоянием хана всячески пытались удалить его из Карабаха, чтобы полученные от него бумаги не утратили своей силы.

Мехти-хан был довольно робким человеком. Его со всех сторон стали запугивать тем, что русские хотят его убить, сослать в Сибирь и т. д. Говорят, что сам князь Мадатов также косвенно способствовал неуверенности хана.

В 1822 году Мехти-хан бежал в Персию[197]. Его побег стал поводом для нового похода персидского престолонаследника Аббас-Мирзы в Карабах и Гандзак в 1826 году, который причинил русским немало забот и во время которого армяне вновь продемонстрировали свою преданность.

XLIV

Летом 1826 года наследник персидского престола Аббас-Мирза во главе 80-тысячного войска вновь перешел реку Ерасх. Самонадеянный сын Фатх Али-шаха, первый попытавшийся ввести в персидской армии европейские порядки и мечтавший восстановить былую славу Персии, не мог, конечно, смириться с тем, что Закавказье, лучшая часть Персии, находится во власти русских.

В рядах его армии находились также карабахский Мехти-хан, шекинский Селим-хан и ширванский Мустафа-хан, которые вначале присягнули на верность русским, но затем предательски бежали в Персию и теперь пытались поднять мусульман Закавказья против них. В числе военачальников Аббас-Мирзы был и грузинский царевич Александр с несколькими грузинскими дворянами, которые возмущали терекемейцев Казаха, Борчалу и Шамшадина против русских.

Перейдя Ерасх и вторгшись в Зангезурский магал, Аббас-Мирза

---

[197] Рассказывают, что хан бежал столь поспешно, что забыл свою печать у секретаря Мирза-Джамала, который использовал ее длительное время в отсутствие хана.

разгромил русский батальон, находившийся в селении Горис. Отсюда он стремительно вторгся в Карабах и полностью овладел им.

Для обороны Карабаха русские имели только 6 рот егерского полка под командованием полковника И. А. Реутта, имевшего штаб-квартиру в селении Чанахчи, принадлежавшего в это время князю Мадатову. С приближением персидских войск полковник Реутт вместе со своими солдатами оставил Чанахчи и едва сумел укрепиться в крепости Шуши.

Персы захватили Чанахчи, и Аббас-Мирза первым делом приказал разрушить дворец князя Мадатова, построенный в том же селе.

В предыдущей главе мы говорили, что князь Мадатов получил от Мехти-хана 15 деревень, в числе которых была и Чанахчи. Это красивейшее село было твердыней рода Мелик-Шахназарянов: здесь находились их древние дворцы. Князь Мадатов, разрушив эти дворцы, воздвиг на их развалинах новый дворец, славою которого наслаждался недолго...

Разорив Чанахчн, Аббас-Мирза двинулся к крепости Шуши и осадил ее. Передовой отряд под командованием его старшего сына Мамед-Мирзы Эмир-хана сардара [198] был послан в Гандзак: они овладели крепостью Гандзак, полностью разорили окрестные немецкие колонии, вышли к реке Шамхор и стали готовиться к походу на Тифлис.

Все христиане Закавказья в ужасе ожидали повторения злодеяний Ага-Мамат-хана. Местное мусульманское население пришло в сильное волнение, оно готовилось примкнуть к персам, чтобы разгромить русских и восстановить в Закавказье персидское господство.

Князь Мадатов в это время находился на Кавказских Минеральных Водах, на лечении. Там получил он сообщение от главнокомандующего в Грузии генерала Ермолова об опасности, грозящей Закавказью. Забыв о своей болезни, генерал через два дня прибыл в Тифлис. Здесь он незамедлительно (10 августа) получил предписание принять под свою команду войско, готовящееся выступить против персов. Князь с радостью принял это назначение, ибо опасность угрожала его родине.

Оставим пока князя Мадатова и обратимся к событиям, разворачивавшимся в крепости Шуши.

Все попытки Аббас-Мирзы овладеть крепостью оказались безуспешными. Находившиеся при нем французские и итальянские инженеры тщетно применяли все свое искусство. Неприступную крепость взять было невозможно. Она выдержала 48 дней ужасающей блокады.

Но противник не смог овладеть крепостью не только потому, что она

---

[198] Эмир хан сардар был зятем отца Аббас-Мирзы, Фатх Али-шаха.

была укреплена самою природою. Этому помешала главным образом самоотверженность армян.

В крепости, помимо проживавших в ней, собралось множество армян из окрестных деревень. Здесь находились, как было сказано выше, всего 6 рот русских солдат под командованием полковника Реутта. О том, как действовали армяне, свидетельствует следующий небольшой отрывок из биографии князя Мадатова: «Ничто не могло поколебать горсти русских, которые, дружно соединясь с армянами, большею частию из имения князя Мадатова, с мужеством отражали на всех пунктах атаки и нападения неприятеля, в тридцать крат превосходнейшего в числе против гарнизона крепости, не снабженной в достаточном количестве ни продовольствием, ни огнестрельными снарядами, кои находились в Чанахчи, в штаб-квартире 42 егерского полка. Видя столь упорное сопротивление гарнизона и не надеясь покорить его силою, Аббас-Мирза старался ослабить его беспрерывными ночными тревогами и перестрелками... наконец, не достигнув и в этом успеха, начал обольщать различными обещаниями бывших в крепости армян и убеждать их отложиться от русских, но и в сем предприятии встретил единодушное и твердое сопротивление. Падение сей важной пограничной крепости имело бы для нас (русских) весьма вредные последствия, ибо, с покорением ее, Аббас-Мирза не имел бы причины остановить свое движение к Тифлису, куда мог достичь прежде, чем наши войска успели бы соединиться для защиты города. В Шуше деятельность была неимоверная. Количество пороха и пуль, приготовляемое ночью, выходило днем. Даже женщины и молодые девушки (армянки) оказывали храбрость и усердие, помогали на самих валах осажденным, подавали патроны. Много слышно рассказов и до сего времени о самоотвержении шушинских жителей»[199].

Приведем лишь один пример этой самоотверженности, красноречиво свидетельствующий о героизме карабахской женщины.

Как раз в тот день, когда армия Аббас-Мирзы осадила крепость Шуши, какаято бедная женщина со своик мужем отнесли мешок зерна на мельницу. Мельницы крепости Шуши находились в ущелье реки Каркар, возле села Хюнот. Тот, кто видел это бездонное ущелье, тот, кто видел эту узкую тропинку, ведущую по скалистым утесам к крепости, может представить, сколько мужества, крепости духа необходимо было проявить этой женщине, чтобы, взбираясь по этой дороге, не только спастись от персидских сарвазов, но и убить многих из них.

Когда женщина и ее муж, с мешком на спине, взбирались по скалам,

---

[199] «Жизнь генерал-лейтенанта князя Мадатова». Изд. второе. Санкт-Петербург, 1863, с. 115-116

внезапно перед ними появился отряд сарвазов. Муж бросил мешок и убежал. Жена же осталась на месте и начала забрасывать камнями сарвазов. Ей удалось свалить одного и отнять у него ружье и саблю. Затем, отбиваясь от сарвазов и таща за собой мешок е мукой, она поднялась к крепости, откуда наблюдали схватку и возгласами подбадривали ее. В итоге она не только спасла муку, необходимую для пропитания ее детей, но и по пути в крепость убила несколько сарвазов.

До сих пор все шушинцы помнят имя этой женщины: звали ее Хатаи[200].

Крепость Шуши с помощью армян оборонялась от многочисленного войска Аббас-Мирзы целых 48 дней. Эта приграничная крепость оказалась для него неодолимым препятствием на пути в глубь Закавказья. Если бы Аббас-Мирзе удалось овладеть крепостью, положение русских резко ухудшилось бы. Мехти-хан, этот возвышенный русскими и получивший от них чин генерала изменник, уже пбдял против русских все кочевые и полудикие племена. Помимо регулярной армии Аббас-Мирзы, через Ерасх переправились все кочевавшие вдоль русских границ разбойничьи племена, как, например, шахсевены, карадагцы, готовые к разбою и грабежу.

Но Шуши оборонялась.

В это же время передовой отряд Аббас-Мирзы под командованием его старшего сына Мамед-Мирзы и Эмир-хана сардара, овладев Гандзаком, достигли реки Шамхор, намереваясь выступить оттуда в Тифлис.

Уже 4-го августа русский отряд выступил из Тифлиса, чтобы остановить продвижение противника. Вначале князя Мадатова не было с ними: он спешно догнал у Красного моста порученные его командованию части и, не мешкая, направился в Гандзак.

У реки Загам князь Мадатов встретил грузинского царевича Александра, который вместе с 2000 персидского войска и несколькими грузинскими дворянами намеревался проникнуть в Нухинскую провинцию, чтобы поднять лезгин и тамошних мусульман против русских. Князь Мадатов с небольшим конным отрядом атаковал Александра. После кратковременной схватки грузинский царевич вынужден был отойти в горы Шамхора.

Успешно разбив авангард неприятеля, князь Мадатов в начале сентября вышел к реке Шамхор, на правом берегу которой в боевом порядке его ожидали главные силы персов. Их было свыше 10000, не

---

[200] По представлению полковника Реутта русское правительство назначило этой женщине пожизненную пенсию.

считая тюрков Казаха и Шамшадина, которые в огромном количестве присоединились к персам. Этой пестрой толпой командовал Эмир-хан сардар, зять шаха и один из его лучших военачальников. Здесь же был и старший сын Аббас-Мирзы.

Под командованием же князя Мадатова находились 2 батальона, 2 роты и 4 орудия. Но уверенные действия храброго и опытного полководца привели к разгрому превосходящих сил противника.

Его грозного имени, ставшего среди мусульман легендарным, было достаточно, чтобы устрашить врага. Князь Мадатов умело прибегал и к военным хитростям, поражавшим воображение восточного человека. Подобно героям Гомера, построившим деревянного коня для захвата Трои, князь Мадатов соорудил большую телегу, которую, подобно адской машине, медленно тащили впереди армии. Из телеги грохотали размещенные на ней пушки. Испуганному противнику казалось, будто огромное чудовище непрестанно изрыгает из пасти огонь и снаряды.

Персы потерпели сокрушительное поражение. Их главнокомандующий Эмир-хан сардар был убит во время сражения, а сын Аббас-Мирзы Мамед-Мирза первым бежал с поля боя. Вслед за ним бежали побежденные сарвазы, бросив на берегу реки Шамхор все свое боевое снаряжение.

Князь начал преследовать противника, дабы он не успел нанести вреда проживавшим в Гандзаке армянам. 4 сентября он достиг стен Гандзака. Армянское население города торжественно встретило его, поздравляя со славной победой. Народ пел песни, уже сложенные в его честь.

Победа под Шамхором уберегла Гандзак от злодеяний неприятеля[201] и несколько успокоила взбудораженных мусульман[202]. Но главное было впереди: крепость Шуши еще была осаждена войсками Аббас-Мирзы, к которым присоединились бежавшие из-под Шамхора персы.

Князь Мадатов уже собирался отправиться на помощь Шуши, когда

---

[201] Один из военачальников Аббас-Мирзы по имени Назар Али-хан, с 1500 сарбазами был оставлен для защиты крепости Гандзак. Этот злодей уже был готов начать резню армян, но, прослышав о победе князя Мадатова под Шамхором, вынужден был бежать и оставить Гандзак.

[202] Персы прибегали к любым средствам, чтобы возбудить местных мусульман. Один из духовных предводителей Персии, называвший себя имамом Хусейном, убеждал их, что благодаря его молитвам пули русских не смогут причинить им вреда. Князь Мадатов приказал схватить и казнить этого фанатика.

неожиданно был получен приказ генерала Паскевича[203] (который в это время прибыл в Тифлис) ждать его в Гандзаке.

11 сентября Паскевич прибыл в Гандзак и принял командование над войсками.

«В ночь на 13-е сентября явились из персидского лагеря два армянина, из коих один был у Аббаса-Мирзы переводчиком русского языка и некогда служил в доме князя Мадатова. Они настоятельно требовали, чтобы их к нему допустили, и сообщили ему, что персияне, оставив за Тереком все тяжести, уже перешли реку Куракчай и подвигаются вперед, чтобы внезапно атаковать наши войска. Князь Мадатов немедленно донес о сем генерал-адъютанту Паскевичу, от которого и были отданы все нужные на сей случай приказания»[204].

И действительно, после поражения под Шамхором Аббас-Мирза, оставив часть своих войск под Шуши и взяв с собой 15000 регулярной пехоты и 20000 кавалерии при 26 орудиях настолько продвинулся вперед, что находился в 7 верстах от города Гандзак. И русские вряд ли узнали бы о его продвижении, если бы не два вышеупомянутых армянина, состоявших на службе у Аббас-Мирзы.

Русские силы под Гандзаком состояли только из 6 батальонов пехоты и трех кавалерийских полков, имевших при себе 24 орудия. Такая несоразмерность в силах принудила их вести только оборонительные действия. Подобную тактику решил избрать и генерал Паскевич. Но князь Мадатов, хорошо знакомый с неприятелем, убедил его, что, дав время противнику, они позволят ему еще более умножить свои силы с помощью местных мусульман. Кроме того, он объяснил Паскевичу, что в войне с азиатами исход дела решает не численность войска, а смелость и решительность натиска.

Решили начать сражение. В битве под Гандзаком так же, как и под Шамхором, ярко проявился полководческий талант и воинские достоинства князя Мадатова.

Аббас-Мирза был сокрушен. Персы отступали столь стремительно, что бросили на поле боя и в пути все свое снаряжение. 15-го сентября Аббас-Мирза, а 17-го его разбитая армия отошли за Ерасх. Князь Мадатов преследовал бегущего неприятеля вплоть до персидской границы.

С отступлением противника вопрос осады крепости Шуши решился сам собой. Князь Мадатов поспешил туда, чтобы ознакомиться с

---

[203] Паскевич, Иван Федорович (1782-1856) — русский военный деятель, граф Эриванский, князь Варшавский, генерал-фельдмаршал. Участвовал в русско-турецкой войне 1806-1812 гг., в отечественной войне 1812 г Фаворит Николая I. С марта 1827 г. — главнокомандующий Отдельным Кавказским корпусом.
[204] «Жизнь генерал-лейтенанта князя Мадатова», с. 116.

обстановкой в городе. На расстоянии нескольких верст от города его встретили полковник Реутт и армянское духовенство, сопровождаемые огромной массой народа. Даже дети и женщины радостными возгласами приветствовали своего освободителя.

Здесь он узнал, что враг не только сжег до основания принадлежащее ему селение Чанахчи, но полностью уничтожил шесть окрестных деревень. Персы уничтожали все, что не могли взять с собой.

Но разграбленный Карабах еще находился в волнении. Мехти-хан продолжал подстрекать мусульман к неповиновению, призывал их покинуть Карабах, переправиться на другой берег Ерасха, в персидские пределы, и оттуда совершать набеги.

Князь Мадатов должен был предстать перед жителями Карабаха, ибо персы распространили ложный слух, будто он погиб в бою.

Однако у него не было войск, так как находившиеся под его командованием отряды в это время были переданы генералу Паскевичу. И вновь на помощь пришли верные и послушные армяне. Вскоре были организованы отряды добровольцев, вместе с которыми князь Мадатов носился по всему Карабаху и повсюду гасил возбуждаемую Мехти-ханом смуту.

С помощью армян князь успокоил мусульман. Их неверность вскоре была забыта, была забыта и самоотверженность армян. Но этим дело не ограничилось. Вскоре князь начал льстить и заигрывать с мусульманами, подобно тому как несведущие в педагогике родители дают капризным детям различные обещания и сладости, лишь бы те замолчали и вели себя послушно, но они в результате становятся еще более наглыми. Так поступали с мусульманами, а об армянах говорили: «Они — свои...».

XLV

Кто же были эти двое армян, которые перед битвой в Гандзаке покинули лагерь Аббас-Мирзы, прибыли к князю Мадатову и сообщили ему исключительно важные сведения о действиях персов? Их имена нам неизвестны.

Нам известно только имя одного молодого армянина, который в это время оставил службу у Аббас-Мирзы и явился к князю Мадатову. Но прежде чем рассказать о нем, мы считаем необходимым кратко остановиться на отношении Аббас-Мирзы к своим подданным - армянам и на положении армян в Персии в то время вообще.

Аббас-Мирза, персидский престолонаследник, был одновременно наместником значительной части Персии — Атрпатакана. Атрпатакан был заселен преимущественно армянами и другими христианами, в частности, айсорами-несторианами [205] . Атрпатакан граничил с теми персидскими провинциями, часть которых русские уже заняли, а остальные стремились занять. Река Ерасх должна была стать рубежом между двумя государствами.

Аббас-Мирза хотя и не был столь выдающимся полководцем, как Надир или Ага-Мамат-хан, тем не менее был умным политиком и хорошим правителем страны. Он принадлежал к числу тех деятелей, которые умеют из всего извлекать выгоду. А в армянах он видел силу, необходимую для благосостояния Персии. Поэтому он начал постепенно возвышать армян, предоставлять им широкое поле деятельности и различные привилегии. По его милости к армянам благоволил и его отец, добрый и гуманный Фатх Али-шах, в царствие которого армяне в Персии жили совершенно счастливо.

Подобно великому шаху Аббасу, который для развития торговли в Персии организовал в Исфахане армянские торговые общества и вкладывал свои личные средства в их предприятия, так и Аббас-Мирза имел своих армян-торговцев, использующих его капитал.

Для того, чтобы оградить армянское население страны от беззаконий мусульманских правителей, он поднял значимость армянских меликов, дал им широкие права, назначил им жалование и т. д.

Понимая, что армянский народ тесно связан со своей церковью и церковнослужителями, он не только сдерживал религиозные преследования, но и всячески поощрял и ободрял христиан. Он посещал армянскую церковь, присутствовал на армянских религиозных празднествах, чтобы на собственном примере показать, что религиозные убеждения армян достойны высокого уважения. При нем вновь начали звонить колокола на армянских церквах, что ранее было запрещено.

В то время епископ Атрпатакана Исраел был близким другом Аббас-Мирзы. Он назначил епископу значительное содержание и, кроме того, передал в собственность духовного управления поместья, доходы от которых должны были обеспечить его существование[206].

---

[205]Айсоры-несториане — ассирийцы, принадлежащие к христианскому течению, основанному в Византии Несторием, константинопольским патриархом в 428-431 гг, утверждавшим, что Иисус Христос, будучи рожден человеком, лишь впоследствии стал Сыном Божьим (мессией). Осуждено как ересь на Эфесском соборе 431 г.

[206]В то время резиденция армянского духовного управления Атрпатакана находилась в селе Хавтеван провинции Салмаст, и ему были выделены земли

Для обеспечения повседневных нужд армянских монастырей Атрпатакана каждому из них в вечную собственность было передано по одной деревне с ее жителями, землями и границами. Эти деревни он освободил от дворцовой подати, так что вместо правительства сам монастырь имел право взимать не только часть урожая, но и дворцовый налог[207].

Тавриз был стольным городом Аббас-Мирзы. Желая облегчить положение армянского населения этого города, он освободил его от всех налогов. Эту привилегию тавризские армяне сохраняют и сегодня, в то время как их соседи — мусульмане платят налоги.

Было бы слишком долго рассказывать здесь о том, как милостиво относился Аббас-Мирза к армянам и как улучшил положение этого народа, наделяя его различными благами. Но следует сказать о том, что во всем этом Аббас-Мирза преследовал свои политические интересы. Он использовал все средства, чтобы теснее привязать армян к Персии и охладить их симпатии к русским. Во всяком случае, каковы бы ни были его политические цели, но его благорасположение к армянам было совершенно искренним[208].

Аббас-Мирза и его предшественники ценили в армянах не только достоинства хороших земледельцев, торговцев и ремесленников, но и военный талант и административные способности. В его время, да и до него, многие армяне не только достигали высоких воинских званий, но занимали должности правителей многих провинций, играли важную роль в дипломатии, управляли государственной казной и даже шахским гаремом[209] .

Мы расскажем лишь об одном из служивших при Аббас-Мирзе

именно этого села. Но в дальнейшем епархиальные начальники из алчности продали все.

[207] В Атрпатакане имеются три знаменитых монастыря: монастырь св. Первомученика, расположенный на берегу реки Ерасх, недалеко от Старой Джуги; монастырь апостола Фаддея в области Маку и монастырь апостола Варфоломея в области Ахбак. Эти монастыри еще сохраняют пожалованные Аббас-Мирзой поместья, но из-за беспомощности духовных властей находятся в жалком состоянии.

[208] Доказательством этой искренности является и то, что во время переселения армян из Персии в Россию в 1827-1828 годах он приложил все усилия, чтобы помешать этому. Но русские штыки, Нерсес и Лазарян свели на нет все его усилия, и более 40000 армян переселились в Араратскую область и другие места.

[209] В примечании Раффи перечисляет около 40 имен видных деятелей армянского происхождения, занимавших в то время в Персии должности вали (наместников), правителей шахского дивана, придворных врачей, послов, телохранителей и т д.

армянине, деятельность которого имеет отношение к нашей истории и который, вероятно, был одним из тех двух армян, о которых упоминает русский биограф князя Мадатова. Этого смельчака звали Асри-бек Байиндурян, или Бахатурян.

В нашей истории мы стремились рассказать не только о представителях знатных родов, но и о героях, вышедших из глубин народа, воплощающих его силу и дух, таких, как Дали-Махраса (вардапет Аваг), Тюли-Арзуман, Чалаган-юзбаши, мелик Вани и им подобные. Одним из таких людей был и Асри-бек Байиндурян, который, оставив службу у Аббас-Мирзы, явился к князю Малахову и вместе с ним совершил множество доблестных деяний.

Предок Асри-бека Байиндур, или, как его называли персы, Бахатур, еще во времена шаха Султан Хосейна перебрался из Сюника в Персию и, поступив на службу к персам, стал одним из храбрейших и известнейших военачальников шаха. Затем, разочаровавшись в Персии, переехал в Грузию, присоединился к Давид-беку и, вернувшись в свое отечество, стал одним из руководителей Сюникского восстания. Он один из героев нашего романа «Давид-бек», князь Байиндур, называвший себя «батман-клыч» персидского шаха[210].

Асри-бек — один из внуков этого Байиндура. Предания о героических подвигах деда хранились в семье, и Асри-бек, воодушевленный рассказами о деде, еще в юношеском возрасте оставил Карабах, уехал в Персию на поиски своего счастья. Смелому, стройному юноше удалось во время скачек привлечь к себе внимание Аббас-Мирзы, и он стал одним из адъютантов наследника престола. Затем, достойно проявив себя во многих сложных ситуациях, он еще более возвысился в глазах Аббас-Мирзы.

Во время похода в Карабах Асри-бек состоял в отряде телохранителей наследника престола. Аббас-Мирза поручил ему особо опасное задание, которое мог доверить только близкому человеку. Для того чтобы поднять закавказских мусульман против русских, Аббас-Мирза подготовил обращение к различным ханам, бекам и другим влиятельным лицам и поручил ловкому Асри-беку доставить это обращение адресатам. Он должен был совершить длительный путь через Талыш, Баку, Дербент, Ширван и Шеки в Дагестан. Но Асри-бек, предпочтя интересы русских христиан интересам персов, изменил своему господину. Он направился прямо в Гандзак и вручил порученные ему бумаги князю Мадатову.

---

[210] Персидский шах за невиданную силу наградил князя Байиндура титулом «батман-клыч», что означало «храбрец, носящий саблю весом в один батман» (около 50 кг).

Каково было значение подобного поступка во время войны — понятно само собой. Кроме того, Асри-бек был одним из приближенных Аббас-Мирзы и ему были известны многие военные секреты персов, их сильные и слабые стороны, замыслы наследника и т. д. Обо всем этом он сообщил князю Мадатову в тот момент, когда персидское войско находилось в 7 верстах от Гандзака, а генерал Паскевич и князь Мадатов, находившиеся в Гандзаке, не имели об этом представления. Нашим читателям известно, как закончилось сражение под Гандзаком. В результате этой победы князь Мадатов и генерал Паскевич освободили все Закавказье.

Князь Мадатов зачислил Асри-бека в отряд своих телохранителей, дав ему щедрые обещания. Фаворит персидского наследника стал важным оружием в его руках.

XLVI

Для того, чтобы держать персов в постоянном страхе, необходимо было нанести им удар на их же территории. С этой целью в первых числах декабря 1826 года князь Мадатов получил от генерала Ермолова секретное предписание совершить экспедицию за Ерасх.

Зимняя экспедиция в незнакомую и лишенную хороших дорог страну вряд ли принесла бы князю Мадатову успех, если бы его не сопровождал такой искусный проводник, как Асри-бек. Этот молодой человек, долгое время проживший в Персии, был прекрасно знаком как со страной, так и с обычаями ее населения.

Князь имел с собой только один батальон 42-го егерского полка и карабахское ополчение, состоящее из армянской пехоты и конницы. 28 декабря он уже находился возле Худапиринского моста, который служил в этом месте единственной переправой через Ерасх. Здесь он соединился с отрядом полковника Мищенко. Однако использовать мост для переправы не удалось, так как персы разрушили несколько опор. Несмотря на сильный холод, войско переправилось через Ерасх по пояс в воде.

На персидской стороне их никто не встретил, и они двинулись через Дилаюртское ущелье к реке Самбур. В это время года здесь зимовали вместе со своими стадами различные кочевые племена — шахсеваны, шахахины, аджалибцы и др. Они изредка производили набеги на Карабах и другие недавно завоеванные русскими провинции и грабили их. Первым делом князя Мадатова было наказать их, поступая с азиатскими разбойниками по-азиатски. Внезапно атаковав их зимовья, он отбил у них до 20000 баранов, множество верблюдов, лошадей и другого скота.

Вступив в Мишкинскую провинцию и воспользовавшись наивностью местных шахсеванов, князь распустил слух, будто он намеревается двинуться в Талышское ханство. Шахсеваны, обманутые слухами, позволили пройти через их земли. Но князь вместо того, чтобы идти в Талышское ханство, стремительно ударил по мирным зимовкам шахсеванов и после жестокого избиения захватил у них 2000 верблюдов, 10000 коров и волов, 60000 баранов.

Повсюду сея страх, князь вступил в Лори — главный город Мишкинской провинции, — где был встречен местным ханом, молящим о пощаде. Здесь он принял у представителей мусульман присягу на верность российскому императору, хотя и не полагался на клятву, вырванную силой оружия.

Оставив в Лори один батальон пехоты и 600 казаков, князь с остальными силами двинулся к Ахару — главному городу Карадага. По пути, в селении Насир-Абад, к нему явились посланцы хана Карадага, которые также заявили о своей покорности. Здесь встретило его и армянское духовенство Карадага вместе со своими меликами и танутэрами, которые также выразили свою покорность. Князь оставил их при себе, и 6-ого января они вместе отпраздновали под гром пушек Святое Рождество и Крещение Господне. Но когда русская армия покинула Персию, армяне жестоко поплатились за эту благосклонность.

7-ого января князь находился в 17 верстах от Ахара. Сюда к нему прибыли старейшины города и заявили о своей покорности. Князь не пошел далее Ахара и 9-ого числа того же месяца вернулся в Карабах.

Эта экспедиция была предпринята, как уже отмечалось, в самое суровое и опасное время года. Но имея при себе такого ловкого и смелого проводника, как Асри-бек, русские смогли избежать многих препятствий и неприятностей.

Эта экспедиция имела те последствия, что князю удалось устрашить соседние племена, а также собрать необходимые сведения о внутреннем положении Персии, которые были сообщены графу Дибичу [211], находившемуся тогда в Тифлисе. Экспедиция принесла и материальные выгоды: князь захватил огромную добычу. Часть этой добычи он распределил между армянскими добровольцами, которые ничего не получали от русского правительства, а остальную часть оставил для нужд

---

[211] Дибич-Забалканский, Иван Иванович (Иоганн Карл Фридрих Антон, 1785-1831) — генерал-фельдмаршал (1829). С 1823 г начальник Главного штаба и управляющий квартирмейстерской частью (1824). Во время русско-турецкой войны 1828- 1829 гг. фактически руководитель военными действиями, с февраля 1829 г. — главнокомандующий.

русской армии. 2000 верблюдов были употреблены для перевозки тяжелой поклажи во время русско-персидской войны 1827 года.

Новая русско-персидская война началась весной 1827 года. Еще 17-ого марта генерал Ермолов поручил князю Мадатову командование отдельным отрядом и приказал подготовиться к весенней кампании. Недостаток войск он должен был восполнить добровольцами из Карабаха. Сбор добровольцев, среди которых большинство составляли армяне, был проведен князем в сжатые сроки.

Еще до прибытия к нему ожидаемых войск, князь Мадатов вместе с добровольцами и небольшим отрядом регулярных войск первым предпринял наступательные действия, 18-ого апреля он уже прибыл к Худапиринскому мосту, который на сей раз был полностью разрушен персами. По случаю весеннего разлива реки переправа оказалась невозможной. Около 5000 персов ожидали на противоположном берегу реки. Под их обстрелом сделано было мостовое укрепление. В первый же день удалось рассеять персидское войско и вступить на правый берег Ерасха. Но на этом закончилось участие князя Мадатова в русско-персидской войне 1827 года.

22-ого апреля было получено от генерала Паскевича указание о сдаче отряда князя Мадатова генерал-майору Панкратьеву[212].

Опечаленный, с разбитым сердцем возвратился князь в Карабах. Не останавливаясь в своем имении, он лишь издалека взглянул в последний раз на свою отчизну и отправился в Тифлис.

Высказываются различные предположения по поводу столь неожиданного отзыва князя, но все они нуждаются в уточнении. Скажем только, что он пробыл в Тифлисе пять месяцев в совершенном бездействии, пока не получил позволения отправиться в Санкт-Петербург.

Еще до завершения русско-персидской войны, 14-ого апреля 1828 года началась русско-турецкая война. Князь Мадатов был назначен командиром пехотного корпуса, готовившегося к переправе через Дунай. В этой войне, как и следовало ожидать, он прославил себя новыми победами. Но еще до окончания войны заболел и 4-го сентября того же

---

[212] Панкратьев, Никита Петрович (1788-1836) — генерал-адъютант (генерал-лейтенант), участник русско-турецкой войны 1806-1812 гг., отечественной войны 1812 г. и заграничных походов. В 1827 г. был назначен командиром Второй бригады 20-й пехотной дивизии, с которой принял участие в войне с Персией. С 1828 г. начальник 20-й пехотной дивизии. В русско-турецкой войне 1828-1829 гг. с особым отрядом занял Баязетский пашалык. Управлял Эрзерумской областью до эвакуации русских войск. В 1830 г. — начальник штаба Отдельного Кавказского корпуса, а в 1831 г. — командующий войсками в Закавказье.

года умер в своем лагере у стен Шумлы. Его тело было торжественно внесено в крепость и предано земле в усыпальнице церкви Св. Победоносца Георгия[213]. На его похоронах присутствовали даже турецкие офицеры и множество мусульман, которых он не раз обстреливал.

«Судьбою определено было князю встретить тихий конец на земле неприятельской, свидетельнице его подвигов в юношеских летах и его блистательных дел в летах мужества. Нелицемерная горесть сподвижников и глубокое почтение побежденных врагов сопровождали его гроб.

И то лестно! И то награда за жизнь трудов и сражений!

Обращая взор на пройденный им путь, на его дела, характер и память, им оставленную, смело можем выразить следующее о нем мнение: природа создала его воином. Несмотря на недостаток просвещения, будучи одарен необыкновенно ясным и сметливым умом, силою воли и решительностью, он заменял светлою и быстрою догадкою те познания, которые другим едва доставляет наука. Верность взгляда никогда ему не изменяла, ни при избрании военной позиции, ни при осмотре сил у позиции неприятеля. Ясность его соображений часто удивляла даже тех, которым она уже была знакома. Самый поверхностный осмотр нового для него края был достаточен, чтобы доставить ему совершенное познание местностей. Несколько встреч с противником новым, и он уже постигал его характер. Никогда не ошибался он, назначая точку, где следует дать отпор неприятелю или где следует нанести ему удар. Минута же решительного движения, — всегда им наперед угаданная, находила его всегда готовым.

Но верность взгляда и соображений, ясность ума и догадки встречаются во многих полководцах и остаются бесполезными. Они достаточны для советника, недостаточны для вождя. Мадатов соединял с ними другие важнейшие качества: личную храбрость, которая не бледнела ни перед какой опасностью, ледяное хладнокровие, которое не смущалось никакою неожиданностью, и, что всего реже, — то нравственное мужество, которое не пугается никакой ответственности. В решении смелый, он был необыкновенно быстр в исполнении своих намерений, и эта быстрота, величайшая сила в деле войны, отличительная черта ее гениев, Наполеона и нашего Суворова, была верною порукою в успехе всех предприятий князя Мадатова. Изумленный ею неприятель, несмотря на превосходство сил, на выгоды местности или оружия, терял и возможность ими пользоваться, и время, нужное для соединения своих масс, и ту самоуверенность, без которой успех невозможен.

---

[213] Впоследствии с высочайшего соизволения прах князя Мадатова был перевезен его супругою в Россию и захоронен в Александро-Невской лавре.

Эти выводы невольно представляются уму при рассмотрении постоянных успехов князя Мадатова против сил несравненно превосходных, важных последствий, достигнутых им с весьма ограниченными средствами, необыкновенно малой потери, понесенной войсками его в самых блистательных победах. В молодости веселый нрав приобрел ему любовь товарищей; с подчиненными он был ласков; при соблюдении строгой дисциплины, любил солдат, имел о них всегдашнее попечение, воспламенял их дух, обхождением возвышал их нравственную силу, и тем вселял в них к самому себе ту доверенность, которая ведет к успехам. Счастливый во всех своих предприятиях, он верил своему счастью, и оно никогда ему не изменяло. Эту веру в свою звезду часто замечали в великих полководцах. Поверхностные наблюдатели смеются над ней, более глубокомысленные уважают ее, ибо в ней соединяются и истинная сила, и чувство силы. Прибавим, что он верил в душу русского солдата и в сочувствие его с начальником, и от того под его начальством войска шли весело, говоря: «Мы знаем, что с ним ни один человек даром не пропадет».

С капитанского чина князь Мадатов брал грудью все отличия, все награды так говорил он сам и так скажут все, знавшие его службу.

Он жил и умер, как верный сын отечества, неизменный в преданности к своему Государю, в постоянной заботливости о славе России»[214].

Мы, со своей стороны, добавим, что Карабах может гордиться тем, что дал России подобного героя, но сожалеем, что он не сумел завоевать любовь своей отчизны.

Князь Мадатов не оставил прямых наследников. После кончины мужа княгиня прибыла в Карабах, чтобы раздать его обширные поместья близким и дальним родственникам и самой получить причитающуюся ей долю. Но между наследниками и супругой князя возникли разногласия, и княгиня, опечаленная, возвратилась в Санкт-Петербург и все 15 деревень передала в собственность двора, получив значительную сумму. Наследники не получили удовлетворения.

***

Русско-персидская война 1827 года завершилась победой России: река Ерасх была признана границей между двумя государствами, и все персидские ханства, расположенные на левом берегу этой реки, стали русскими владениями.

---

[214] «Жизнь генерал-лейтенанта князя Мадатова», с. 188-191.

Россия потребовала от Персии контрибуцию и, что самое главное, переселила из Персии 40000 армян и заселила ими завоеванные территории.

Правление персидских ханов, а также армянских меликов закончилось. И наследники армянских меликов отныне думали только о том, как бы поступить на русскую службу, получить должность и отличия. Косвенной выгодой от этого стало то, что потомки меликов, находясь на русской службе и ознакомившись с русскими законами и влиятельными лицами, сумели вернуть некоторую часть наследия своих предков.

Но остался невыясненным один вопрос: почему наследники армянских владетельных меликов считались родовыми дворянами, а не потомками княжеских родов, в то время как дома пяти меликств Хамсы имели истинно княжеское происхождение?

www.ingramcontent.com/pod-product-compliance
Lightning Source LLC
Chambersburg PA
CBHW021403090426
42742CB00009B/982